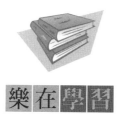

樂在學習

台大名師
傳授百萬學生最想知道的
FunLearn學習法

高至豪 著

前言

　　我從唸高中的時候，就開始當家教，協助國、高中生解決課業上的疑惑，累積至今的教學經驗，算一算已經有十三年了。這十幾年中，我經歷了補習班老師、國高中理化老師、私人家教的工作，當中教過理化成績一直不及格、後來成績滿分的學生，也有國中總成績相當低落，在基測前一、兩個月才來找我求救的學生，最後順利考上公立學校。這麼多年來，我看到這麼多莘莘學子努力刻苦的學習，無非就是希望能考個好分數，將來唸個好學校！看來，「考個好分數」真的是很多同學在求學生涯中最在意的事情。

　　一路從國中、高中、大學、研究所的升學考試中過關斬將的我，十分了解考生的處境和辛酸，所以，每次面對家教學生，我總是以過來人的身分，希望竭盡所能地提供他們有用的協助。

　　很多課業表現平平的學生以為像我這樣台大研究所畢業的老師，一定是天資聰穎、生來就很會唸書的人，不相信自己有一天也能考到理想的成績，擠進一流的高中和大學。儘管他們內心也渴望成功，但就是對自己一點信心也沒有！

我也多麼希望自己是那種生下來就很會唸書的人，但事實並非如此，我的資質頂多比普通人再好一點點而已，當年剛進成功高中的時候，我的成績是全班倒數第三名。

　　當時我很希望自己能夠在三年後考上所謂的明星大學，揚眉吐氣一番。於是，我開始積極地找尋各種讓考試成績變好的方法。憑藉著拚了命也要把書唸好的企圖心，加上正確的讀書方法，持續不懈地努力，最後終於如願以償，考上台大，畢業後更跨科系報考物理研究所一舉正取，實現了一開始以為不可能的夢想。

　　除了在唸書上反敗為勝，我在高中時，由於掌握了正確的學習方法和學習步調，因此，不但充分運用時間唸書，甚至還練出了一手好琴藝！這也促使我往後能夠往流行音樂創作之路發展，為一些藝人作曲，也經常在校園進行鋼琴演奏。

　　把書唸好，讓我在重視讀書的主流價值觀社會裡，有一個相當受用的光環；把鋼琴學好，則培養出我一輩子熱愛的興趣，我很慶幸當初的堅持和努力，到現在得到了甜美豐碩的成果。

　　由於我曾經從極差的成績，一路穩紮穩打地努力，最後擠進第一志願的窄門，因此，我完全能夠理解成績不好的學生，他們所遭遇到的痛苦和困難。在這本書中，我從自身的經驗出發，

毫不藏私的公開自己在升學準備、唸書考試、時間規劃、目標設定上的種種心得，希望能夠幫助許多在學業上備感挫折的學生，一步步地提升成績；功課已經不錯的同學，也可以從中找到讓唸書更輕鬆的方法。

在本書中，我總結了「學習三大密碼」，分別是正確的心態、正確的方法，再加上正確的老師，三者合而為一，就可以讓自己發揮出難以想像的學習潛力。在〈讀書高手必練心法〉中，我會教同學怎麼正確的「想」，才能建立積極又正確的學習心態。而在〈讀書高手必練神功〉中，我則教同學怎麼「做」，能夠培養高效率學習的能力。

當你有合適的老師指導，並且確實掌握執行了「學習三大密碼」，就能儲備堅強的學習能量，接下來參考〈各科分數飆升秘訣〉、〈實用考試教戰守策〉等章節的實用技巧，更能幫助你掌握得分的關鍵，在考場上無往不利！

目錄

PART 1 讀書高手必練心法

先問問自己為什麼要考高分吧！……………012

唸書時間多≠成績好……………………019

沒有學不會的科目，只有聽不懂的老師…………022

不可以放棄影響總成績的任何一科……………033

正常人別跟天才學讀書………………037

PART 2 我如何從國中放牛班到考進台大

教育改革的白老鼠………………………044

學風低迷的實驗性班級…………………046

外化而內不化，盡力做到最好………………048

胸無點墨硬著頭皮踏進明星高中……………050

偉大的成就來自於強烈的渴望………………052

唸書不只靠用功，效率提升是王道…………054

解開成績無法提升的「潛艇理論」…………057

聯考大戰前一刻，終於磨成鋒利寶劍………060

誰說唸書和興趣不能兼顧……………065

PART 3 讀書高手必練神功

身體和心理的最佳化……………………………………074

生活作息的精準調教……………………………………081

專治讀書不專心的計時唸書法…………………………084

善用零碎時間,讓學習一天當兩天用…………………087

善用科技的手機超強學習法……………………………091

多交比自己優秀的朋友…………………………………094

設定小目標,一步步達成………………………………099

PART 4 各科分數飆升秘訣

理科類………………………………………………………104

文科類………………………………………………………114

數學科………………………………………………………117

理化科………………………………………………………119

物理科………………………………………………………121

化學科………………………………………………………124

英文科………………………………………………………126

PART 5 實用考試教戰守策

正確的考試方法才能把實力發揮出來…………………134

快速安排最佳答題順序…………………………………137

作答需謹慎,檢查是必備………………………………141

一遇考試就緊張該怎麼辦………………………………143

準備大型考試必備知識‧‧‧‧‧‧‧‧‧‧‧‧‧‧‧‧‧‧145

PART 5 升學管道攻略手冊

國內升學制度簡介‧‧‧‧‧‧‧‧‧‧‧‧‧‧‧‧‧‧152

基測‧‧‧‧‧‧‧‧‧‧‧‧‧‧‧‧‧‧‧‧‧‧‧‧‧‧156

學測‧‧‧‧‧‧‧‧‧‧‧‧‧‧‧‧‧‧‧‧‧‧‧‧‧‧158

指考‧‧‧‧‧‧‧‧‧‧‧‧‧‧‧‧‧‧‧‧‧‧‧‧‧‧167

統測‧‧‧‧‧‧‧‧‧‧‧‧‧‧‧‧‧‧‧‧‧‧‧‧‧‧172

PART 7 FunLearn學習新時代

什麼是FunLearn網站‧‧‧‧‧‧‧‧‧‧‧‧‧‧176

學生如何使用FunLearn?‧‧‧‧‧‧‧‧‧‧‧‧179

家長如何使用FunLearn?‧‧‧‧‧‧‧‧‧‧‧‧182

老師如何使用FunLearn?‧‧‧‧‧‧‧‧‧‧‧‧184

PART 8 十二年國教來臨

十二年國教是什麼?‧‧‧‧‧‧‧‧‧‧‧‧‧‧‧‧188

十二年國教對教育界有什麼影響?‧‧‧‧‧‧‧191

沒人逼,更要學‧‧‧‧‧‧‧‧‧‧‧‧‧‧‧‧‧‧‧193

贏在起跑點的迷思‧‧‧‧‧‧‧‧‧‧‧‧‧‧‧‧‧197

為小孩找一條屬於他的路‧‧‧‧‧‧‧‧‧‧‧‧199

人生不只唸書而已‧‧‧‧‧‧‧‧‧‧‧‧‧‧‧‧‧201

全世界都是你的舞台‧‧‧‧‧‧‧‧‧‧‧‧‧‧‧203

PART 1

讀書高手必練心法

先問問自己為什麼要考高分吧！

唸書時間多≠成績好

沒有學不會的科目，只有聽不懂的老師

不可以放棄影響升學的任何一科

正常人別跟天才學讀書

先問問自己為什麼要考高分吧！

設定熱血沸騰的夢想，才能激發不可思議的潛能。

　　每個人活在這個世界上，都希望追求心中渴望的成功，對於每天朝九晚五的上班族來說，成功可能是擁有一份令人稱羨的高薪工作；對於在商場上奮鬥的公司老闆而言，成功可能是讓自己的產品獲得大眾的肯定，並賺進大筆的財富；而對於正在求學階段的學生來說，成功則是在學校得到優異的學業成績，在升學考試上擁有出色的表現。

　　每天從媒體上，我們可以看到許多社會上普遍被認為非常成功的人，他們的成就令人既羨慕又讚嘆！譬如商場的賈伯斯、郭台銘，運動界的王建民、曾雅妮，或者是娛樂界的周杰倫、蔡依林等等。大部分的人，儘管渴望自己有一天也能成為像這些人一樣成功和耀眼，但卻又認為這樣的成就離自己好遠好遠，甚至認為是一件想都不敢想的「夢想」。久而久之，他們也漸漸習慣了這樣的思維，認為夢想與現實是永遠不可能有交集的兩條平行線，最終安於目前並不怎麼滿意的人生，日復一日地過下去。

偉大成就的共同起點

大家可曾想過，很多極為成功的人從前也都是沒沒無聞、毫不起眼的人，跟你我並沒有什麼不同。但是因為某些我們不知道的原因，如今他們卻能擁有非凡的成就，讓人望塵莫及。

從前的我十分想要知道這個問題的答案，多年來，我透過大量閱讀、學習、觀察許多成功的人士之後，終於發現了許多成功者的背後普遍具有一項看不到的特質，那就是強而有力的學習動機！這驅使著他們不斷向前邁進，最後披荊斬棘，達到心中美好的夢想。反過來說，如果沒有一個屬於自己的夢想，不是真心為了自己而努力，整天活在別人的規矩或教條下，也難以激發出自己真正的潛能，達到無與倫比的成就。

除了不可掌握的運氣和外在的現實條件外，每個人對於人生的夢想是否感到清晰、明確，並且充滿熱血沸騰的鬥志，就決定了他們的未來發展和成就。

對於一個面對沉重升學壓力的學生來說，也是如此。要知道，國高中或高職、五專的學習科目多達十個上下，每個科目都有相當的份量和難度，可不是憑藉小聰明或者隨便唸唸的讀書態度，就可以徹底征服的。

如果正在看本書的你，在課業上總是提不起勁、得過且過，或許是因為你從來沒有想過，自己究竟是為了什麼而學習，也可能是你對未來沒有抱持一個充滿熱情的夢想（其實絕大部分的學生都是這樣），因而無法產生強而有力的學習動機，驅使自

己不斷努力向前。

　　如果你目前正面臨學業成績總是無法突破的問題，即使再給自己更多的壓力，效果也十分有限。此時，反而應該先停下腳步來，想想：「我為什麼每天要這麼辛苦的唸書考試呢？」如果沒有找到想要用功讀書的原動力，也很難指望自己在學習的效果上會產生巨大的轉變。

　　我自己在當家教老師的時候，會特別注意學生有沒有找到學習的動機。如果學生沒有積極想唸書的念頭，我通常會先跟他溝通他內心真正的想法，他為什麼想要來上課？為什麼想要考高分？未來有什麼夢想？將來想變成什麼樣的人？當我先陪學生勾勒出對於未來的藍圖時，學生才會漸漸知道，唸書是為了自己的將來著想，而不是迫於無奈，或只是為了滿足父母的要求而已。透過這樣的溝通，學生也才會真正樂意接受我的指導，並且在學習態度上有所改善。此時，再加上符合學生特質的教材、教法，慢慢地讓他看到自己的成績在努力之後真的有所進步。在這樣有願景、有進步的雙重鼓勵下，學生更容易對學習和唸書感到興趣。

　　如果學生只是被家長逼迫唸書，自己並沒有找到讀書的動力，對於學習毫無意願，即使威逼強迫，效果也將會十分有限，通常在這種情況下，我很可能就會拒絕這個家教case。

🖊 成績大躍進的原因

　　我會這麼強調學習動機，是因為我自己就是一個活生生的

例子！國二時，我沉迷於玩樂和電腦遊戲，幾乎到了廢寢忘食的地步。雖然知道把書唸好，將來才能考上比較好的學校；把成績考好，自己也會覺得比較光彩、有面子，但是，當時的我就是沒有打從心裡真正想把考試的成績考好，自然也就沒有足夠的動力支撐，把自己從學習的墮落深淵裡拉出來。

一直到國二升國三的暑假，偶然的機緣下，我報名了某家速讀訓練班，學到了很多提升學習效果的方法。上課時，老師常常告訴我們學習的重要性，和很多偉人艱苦的學習故事，在這樣的環境耳濡目染之下，每個人都會覺得自己應該要更努力才行。再加上我也已經厭煩了整天玩樂的生活，不想再看到自己的學業成績每況愈下，於是，就像是奇蹟出現似的，我發自內心地油然升起一股想要讓自己變得更好的欲望。

就從那個暑假開始，我的心態產生了巨大的變化，一股強大的鬥志也開始滋生，我把目標直接瞄準全校前五名，滿心期待開學之後成績能有不俗的表現。從此，我整個人可說脫胎換骨，開始嚴格的自我要求，成績也因此不斷地向上攀升，保持班上前三名的成績，這個結果讓我很滿意，就連家人、同學也為我的成績大躍進感到驚訝！

找出推動自己努力唸書的動力

我從事教學工作已超過十年，接觸過這麼多學生之後，我發現成績表現優異的學生，通常都是很早就找到屬於自己的學習動機。有些學生從小就重視榮譽感，想要認真唸書爭取好成績，

讓自己覺得滿意而踏實；而有些男生受到比爾蓋茲、賈伯斯等科技金童的啟發，因此立志朝向資訊相關科系發展，期待未來當個科技的創新者，改變這個世界；有些學生因為喜愛周杰倫的歌曲和方文山的歌詞，所以認真學習音樂、國文等等科目，希望未來做個作曲家、作詞家。

　　而此刻你正拿起這本書，就代表你對升學問題有興趣，想要在學習方面有所突破。那麼，你不妨仔細想一想，到底有什麼動力，能夠支持你用功唸書呢？是想當個濟世救人的醫生？成為發明新理論的物理學家？或者希望有朝一日能變成風靡全世界的音樂家？甚至你只是像「那些年，我們一起追的女孩」男主角柯景騰一樣，因為想要吸引女生注意而努力唸書？當你找到讓自己奮發向上的動力時，你就比別人擁有更大的成功可能！

　　除了國三時那種想要出人頭地的欲望，推動著我不斷努力向前外，從小我對數理、電腦就有基本的興趣，也很喜歡猜謎和思考的遊戲，希望有一天能夠了解更多大自然運作的法則、宇宙星辰運作的奧秘。所以，儘管在求學的路上走得很辛苦，我還是很喜歡學習，從來沒有真正討厭過「唸書」這件事。很幸運的，後來我考上了台大物理研究所，唸我最喜歡的物理。

動力需要花時間探索和發掘

　　有些人可能會說：「我不知道自己有什麼夢想和目標，怎麼辦呢？」

　　如果是這樣，也不用太緊張，因為絕大部分的學生都不知

道自己的夢想是什麼！在傳統的教育體制下，學生們整天被逼著要唸國文、學英文、算數學，根本沒有時間好好去思考這個問題，自然也就不知道自己真正喜歡的是什麼，想成為什麼樣的人。但我要告訴大家的是，如果你不知道自己要為什麼而努力，就必須花時間去尋找！夢想絕不是你整天窩在家中就會從天上掉下來，或是你在睡夢中突然受到上天啟發而得知。當你願意花時間去探索、去挖掘、去嘗試、去接觸，你內心真正喜歡的事物就會漸漸地越來越清晰，最後形成一個明確的輪廓，於是，你就能清楚知道，這就是你要的人生。

這種目標明確的感覺，通常是來自於生活中某個片段的感動和經驗，可能是某個經歷、某個故事、某個畫面、某本書、某位人物等等啟發了你，喚醒了你，讓你因此聯想到一個真心嚮往的未來。你一想到它，就感到生命十分美好而值得，你會無時無刻想要快一點得到它，甚至為此激動不已，巴不得馬上就能夠實現它！當你有這種強烈的感受時，這很可能就是你內心真正動力的來源，是埋下你未來美好人生的種子。

🖊 活出自己

我建議大家，從小就要保持多多接觸不同事物的習慣，你可以透過學習各種才藝來看看自己有什麼特殊天賦。也可以透過參加各種校內外活動，認識不同面向的人。還可以透過聽大人物的演講，直接與不凡的心智接觸。平常也可以多逛書店，培養一些嗜好和興趣等等，這些都能幫助你挖掘這個世界更多的面貌，

你才有機會了解，究竟什麼東西能夠真正感動你、吸引你，成為你未來所追求的目標。

　　就算你發現自己的夢想，跟唸書升學一點關係都沒有，例如成為歌星，那你也可以盡早與父母師長一起討論，嘗試找出一條屬於自己的路，努力實現自我。

　　這種充分活出自我的感覺是很棒的，像台灣高爾夫球女將曾雅妮、美國著名歌星小賈斯汀，他們也沒有像一般人一樣辛辛苦苦地唸書、升大學，但透過發展自己的天賦和興趣，年紀輕輕就走上屬於自己的路，並且得到了璀璨不凡的成就！

唸書時間多 ≠ 成績好

釋放自己的學習DNA，拚效率才是硬道理。

如果你已經找到唸書的動力，希望在學業上取得傑出的表現，那麼，我們就可以開始聊聊，把書唸好，究竟該怎麼做呢？

國中的時候，有一陣子我一直在思考，到底該怎麼做，才能像全校前幾名的同學一樣，擁有出色的成績？有一天我在學校問了一位當時功課遙遙領先我的同學：「那些全校前幾名的，應該是全校唸書時間最多的吧？要不然他們憑什麼能一直考得這麼好？」

這位同學立刻搖了搖頭。

頓時，我的心裡產生了疑問，難道考試分數最高的同學，不是唸書唸得最久的嗎？

✎ 不是笨是方法錯

「成績的好壞，跟唸書時間的多寡有絕對的關係嗎？」

這個問題從國中就開始盤旋在我的腦海中，直到現在，我

終於十分清楚答案了。我可以很明確的告訴各位同學,書唸得最好的同學,絕不是唸書時間花得最多,而是學習有效率、有規劃、重理解、會思考。

唸書雖然不可能不勞而獲、一步登天,但絕對有方法、有捷徑,可以事半功倍,甚至達到名列前茅的水準。可惜很多同學從來就沒有學習過正確的唸書方法,而是用自己認為「對」的方法去唸書,結果辛辛苦苦地努力了半天,成績還是在原地打轉。我國中的時候也是如此,唸書慢吞吞的,而且還拖到很晚才唸。

在我的腦袋中,從來不懂得「效率」這樣的觀念,也沒有人教我唸書的方法,所以只是傻傻的死記猛K,以為唸書時間越久,就能考得越好。最後的結果,雖然不至於考得有多爛,但就是擠不到前面幾名,真是氣人!有時候我忍不住想,我都已經把時間用盡了,還考不到理想的名次,「是不是我真的太笨了?」

🖊 這樣唸是怎麼唸

上了高中以後,課業的難度、深度又比國中再進一步,此時,我觀察到一個有趣的現象: 班上有些認真的同學,上課會努力的抄筆記,就連老師在講笑話時也手動個不停,好像生怕漏抄了一兩個字,考試成績就會完蛋!

另一些同學整天埋首書堆,就連下了課也拚命在唸書,嘴巴整天唸唸有詞,用功的程度真的挺嚇人,光看到他們這樣唸書,就會很有壓力,不過,他們考出來卻不怎麼樣……反觀那些前三名的同學,就很少會做這樣的「苦工」,我反而常常看到他

們在教室裡發呆、想事情，看起來一副漫不經心的樣子。如果去請教他們怎麼能把書唸得那麼好，他們往往也說不出個所以然，只是說：「就這樣唸啊！」

✏️ 效率和理解才是最重要的

其實，他們常常發呆，是在動腦思考，徹底地理解學習內容。而他們沒有像很多人唸書時一副急急忙忙的樣子，是因為他們善用時間，早就唸完該唸的書了！

從這些成績優異的同學身上，我發現唸書不需要時間硬拚的道理，考高分的關鍵，絕不是在比誰花比較多的時間唸書，而是誰的唸書方法有效率、有條理、會思考，想要得到名列前茅的成績，是真的不需要花那麼多的唸書時間！

除了我自己親身體會效率的提升，對唸書來說是多麼重要的事，在本書完成的過程中，我採訪了超過十位成績優秀的同學，包括台大、建中、北一女的學生。這些同學都告訴我，他們唸書的時候是十分專注有效率的，當他們坐下來唸書時，彷彿身旁的事物都跟自己無關一樣。

所以，不論你是國中高中生或是處於其他的學習階段，只要你充分的發揮學習效率，絕對有足夠的時間把書唸好。相反地，如果你是那種唸書時習慣拖拖拉拉、發呆不專心的學生，請盡快改掉那些拖累自己唸書效率的壞習慣，做個高效率的學習者吧！

沒有學不會的科目，只有聽不懂的老師

合適的老師為你打通任督二脈，功力立刻增強好幾倍！

　　很多有心學習的學生，碰到自己不擅長的「弱科」時，不是想辦法找出解決之道，而會習慣性地用負面的心態去面對，像是認為一定是自己太笨沒救了，或者對於該科目感到懼怕和排斥。嚴重一點的，甚至乾脆放棄這個科目。

　　很多學生都不知道，這些情況其實是可以避免的。

　　以前我也曾經碰過這種瓶頸，深刻體會到「學不會」的無助和痛苦。例如從前數學很差的時候，只要翻開數學課本就覺得每一句話都讀得好吃力，完全不能理解它在說什麼，一個題目苦思了兩個小時也找不到答案。或者，學習化學時，唸了很久的書，還是不知道該如何做計算……又氣又急之下，覺得自己根本是個笨蛋！而對於物理科，也同樣遇過許多學習上的挫折。即使我現在身為物理老師，指導許多學生物理方面的問題，但是在我高中學習物理的時候，也碰過學習效果又慢又差的窘境，讓自己十分灰心。

事實上，從自己做學生到成為站在台上授課的老師，一路走來，我必須要大聲的告訴同學一件事：你的科目學得不好，非常有可能不是你的問題，而是老師的問題！

這並不是在說，如果你某個科目學不好，就一定是老師在打混，或是教得差。試想，現在很多學校都是三十到五十人擠在一個班級上課，同學的素質參差不齊，老師在授課時本來就很難面面俱到的顧及到每位同學。再加上，確實不是每位老師對於教學都有足夠的熱誠，在這種情況下，老師不適任的情況就很容易發生，也很難期待學生能跟上進度了！

各種學習狀態分析比較

學習狀況	只有自己努力	只有好的老師	有好的老師+自己努力
學習的效果	費時費力，進步有限，很多觀念搞不好錯了都不自知。	自以為聽得懂就代表考試也會寫，成績最多普通。	內外兼備、相輔相成，課業上可望達到登峰造極。

所以，同學們在學習上遇到了瓶頸，無法順利解決時，我建議你應該要多試試其他老師的教法，說不定當你遇到了適合自己的老師之後，很快就能扭轉情勢，一掃低迷不振的學習陰霾。如果遇到的老師真的不合適，那究竟要去哪裡找好老師呢？以

下，就為大家介紹幾個管道：

📝補習班

　　台灣的補教界興盛，是大家有目共睹的，我自己也曾經上過補習班，不得不承認，它能夠在最短的時間內，幫助同學有效地把分數大幅提高！

　　很多人對於補習班汲汲營營於分數的教學氣氛，有負面的觀感。事實上，補習班的主要目的是提升分數，因此好的補習班裡累積了很多有用的參考資料，更聚集了很多樂於為學生解答課業疑惑的老師，善用這些資源可以省下學生很多自我摸索的時間。以另一個角度來看，補習班舉辦的各種活動、老師上課講的笑話或人生哲理、與其他學校同學的互動，也是相當難忘的回憶，能為辛苦的高中生涯增添一些美麗的色彩。尤其那些就讀男校女校的高中學生，平常的生活圈可能過於狹窄，下課後到補習班認識其他異性朋友，也算是一種課外的聯誼活動！

　　補習班並不是人人都適合的，尤其是以下幾種學生，很可能無法適應補習班幾十到幾百人同處一室的學習方式。

　　A.程度跟一般學生落差太大

　　以前我在補習的時候，有位數學老師就公開說過，他教的東西只能讓PR40以上的學生聽得懂，超過這個範圍以下的學生，他也沒辦法在課堂上教會。這位老師說的算是十分中肯了，如果學生程度太差，老師怎麼可能在學生人數眾多的班上特別教

授簡單的課程內容？如果程度真的差了一大截的學生，很可能去補習班上課仍然聽不懂，備感受挫。因此，我建議他們還是改請一位優秀的家教比較適合。

　　至於程度太好的學生可能也沒有必要去補習，或許有些同學是抱著去聽聽看不同教法的心態，拿些補習班整理好的資料，或是認識一些校外的朋友，這也無妨，需不需要就看個人怎麼想了。

　　B.缺乏積極的學習態度

　　補習班裡的學生動輒數十人到數百人，就算有的補習班聘請導師來管理班上的秩序，一樣不可能照顧到每個學生的需求。如果缺乏學習的動機，到了補習班一樣很難有所進步，因此，這類學生也不適合去補習班。

　　C.太有獨立思考特色

　　有少數的學生在某一科的領域上是非常有想法的，但是在補習班可能沒有太多時間和機會和老師互動，老師也無法提供這些學生一些啟發性的觀點，這也是很可惜的。

私人家教

　　如果補習班還是不適合你，那私人家教也是一個不錯的選擇！私人家教來源通常就是相關科系的大學生、畢業生、學校老師。現在台灣的大學林立，大學生非常多，因此私人家教的來源

也越來越多。由於家教是個人工作，品質不易控管，有很專業、盡責的老師，也有混水摸魚、沒有責任感的老師，不但教學品質差異很大，價位也落差很大，一小時鐘點的範圍可以落差到300元～3000元以上！

家教老師哪裡找？

可以先從身邊認識的人找起，例如認識的大學生、畢業生、學校老師、或從事與學習科目有關的上班族等。但是不要操之過急，最好等試聽過後再做決定。

如果沒有認識的人選，從同學或同學的家長之中打聽也是不錯的方式，畢竟口碑這種東西是會口耳相傳的，如果同學剛好有在上家教，又推薦他的老師不錯，那應該值得試試看！

假使上述的方法都不適合你，最方便的方式就是上網找了！坊間有很多的網路家教社能提供家長找尋家教的媒介。常見的有以下幾個網站：

業 者	網 址
師大領航	http://www.ntnupilot.com/
台大小博士家教中心	http://www.ntudoctor.com.tw/new-ntudoctor/index01.asp
Great全國菁英家教中心	http://www.great123.idv.tw/great/
104家教網	http://www.104tutor.com.tw/
FunLearn全方位學習網	http://www.FunLearn.tw

「FunLearn」，是我自己創辦的教學網站，裡面也可以找到很多優秀的老師。與其他家教社不同的是，這裡的老師平常就熱心地在網站上免費為同學解決課業上的疑惑，不但具有被學生肯定的專業能力，更對教學充滿了無私奉獻的熱忱。

務必精挑細選

然而，就算找到家教老師，容我再一次提醒你，家教老師的教學品質落差是很大的，因此務必要精挑細選，最好請幾位老師來試教看看，才能比較出誰才是適合的老師。

A.讓學生聽得懂為第一要務

家教老師百百種，每位學生的特質也是千變萬化，若是太快就聘任一位在履歷上看起來還不錯的老師，怎麼保證學生能適應老師的教材教法、思考方式、甚至個性特質呢？

有的老師很厲害，不但在成績上有顯赫的豐功偉業，還拿過很多國際競賽的獎項，讓人覺得是個優秀的老師，但如果他不知道怎麼把學生教會，請了也沒有用。

而有的老師求學的路程太過順利，不太能理解學生的困難和學不會的痛苦，不但無法幫助學生解決他的疑惑，搞不好還會表現出一副「怎麼連這麼簡單的題目都不會」的態度，讓學生再一次受到刺激，覺得真的是自己太笨了！

有的老師更糟糕，連自己都沒有搞懂要教的內容，學生當然聽不懂，那也是災難一場！

所以，選擇的家教老師，一定要確保學生能真正接受老師的教法，聽得懂老師的表達方式才行。

B.成績能夠有效的改進

　　家教老師的費用是昂貴的，學生的時間更是寶貴的。大多數家長聘請家教，當然是希望孩子能夠得到理想的成績，所以幫助學生的成績提升到一定的水準，是家教老師的職責，也是一個合適家教應該達到的標準。

　　學生的升學機會只有一次，如果老師無法有效協助學生在課業上達到一定的水平，就應該盡快找尋其他更合適的老師。

C.擁有教學熱情才會重視學生的需求

　　雖然家教老師販賣的是專業知識，但是，我一向認為，如果老師缺乏教學的熱忱，那也只是個冷冰冰的教學機器。這樣的老師就算能帶給學生更多的分數，但卻不會真正的關心學生。

　　他們很可能上課時姍姍來遲，講課時心不在焉，下課一到就急著想要離開，也不管學生還有沒有問題要問。他們沒有什麼責任感，也無法讓學生感受到學習的快樂和熱情，偏偏熱情才是知識真正的內在價值，是人類文明不斷進步的原動力。

　　我認為遇到這樣的老師滿不幸的，還是盡快找其他的老師吧！

名校學歷未必是最好的

　　有不少家長請我代為協尋家教老師時，都會指名要台大，或名牌大學的學生。不可否認，名牌大學的學生一定具有基本的本職學能。但是就如同前文所說的，自己很強的老師未必懂得如何讓學生也變得很強。尤其唸書過程太過順遂的老師，更可能會有種「這些東西不是很簡單嗎？」的心態，而無法理解學生學習上的痛苦。

　　我認為，家教老師未必要有多麼了不起的學歷，老師自己很厲害不保證也能讓學生很厲害，懂得如何把困難的觀念講清楚，這才是家教老師的價值所在！所以找家教時，實在無須抱持名牌心理，如果老師沒有顯赫的學歷，但是過去指導學生的成效不錯、有口碑，或是老師的態度誠懇實在，一樣可以讓他試教看看，或許正因為老師不是名校出身，才更努力地教學，這樣不是很好嗎？

家長要給予家教老師應有的尊重

　　我常常在網路上看到很多家教老師分享他們不愉快的家教經驗，包括被放鴿子、頻頻被砍價、被積欠款項，再不然就是家長以自己的立場糾正老師的教學方式不對等等，看了覺得很難過。

　　好的老師以自己多年學習得來的專業知識，努力教導學生，本來就應該受到合理的對待。家長們除了必須給予老師該有的尊重和自由外，更不該積欠老師的薪資，尤其很多大學生就是

靠著家教費用來賺取生活所需，甚至以家教來貼補家用。

好的老師可遇而不可求，如果家長不能善待老師，因而錯失了老師繼續任教的意願，對於小孩來說也是一大損失。

有人可能會問，遇到這樣的家長該怎麼辦？我很幸運的是，擔任家教十幾年，遇到的學生和家長都非常好！反而是我常常覺得自己做得不夠多、不夠好，很多地方都可以再改進。如果有一天真的遇到這樣的家長，那我也只能委婉地辭謝他的聘請。

專業的家教也要有分辨合適case的能力，來者不拒的「好人」心態，只會造成彼此更多的困擾。

網路補習班

補習班和私人家教畢竟費用比較高，而且家裡住得比較遠的同學，下了課回到家都已經晚上十一、二點，實在太辛苦了！拜網路科技之賜，現在有一種「網路補習班」的服務出現，顧名思義，就是在家裡透過網路進行學習。

網路補習班的上課方式，通常是先進入補習班的網站，付費購買課程，接著他們就會開放權限，讓你在家收看錄製好的上課影片，還會把上課講義宅配到你家。

好處是比較方便，價格通常也比一般的補習班低，而且可以按照自己的步調反覆播放學習。壞處是自制力和領悟力比較差的學生，也許上課上到一半就連上facebook和朋友聊天，或者當某個觀念聽不懂時，也沒有人可以立即幫忙解答，影響了學習的效果。

國內常見網路補習班

業　者	網　址	教學內容
樂學網	http://347.com.tw	國中、公職證照等
iMath	http://imath.imlearning.com.tw	國中數學、高中數學 高中物理
GoGoSCHOOL	http://www.gogoschool.com.tw	國中各科

FunLearn網站──中學教育開放的先驅

最後，再提供大家一個學習管道，就是我自己創辦的 FunLearn網站（www.FunLearn.tw）。

這個網站的特色，主要有三個區塊：

第一個是影音課程區：提供像網路補習班一樣，有許多老師一起教學的影音課程。包括我自己拍攝的理化課程、台北家教班李鋒老師的物理課程、高雄補教名師洪安老師的理化課程、台南補教名師賴方老師的理化課程等。

第二個是學科討論區：當你影片看不懂或在學校上課聽不懂時，都可以直接在討論區 發問不懂的問題。

第三個是題庫下載區：考試前，學生可以在這裡下載段考、基測、學測、指考等等的題庫，做為考前實力的檢測。

FunLearn有眾多的學習功能，可說是全台灣第一個功能多樣化，專為台灣國、高中生量身訂做的學習網站。但FunLearn最大的好處不僅於此，最吸引人的就是所有服務完全是免費的！

這也是我創辦這個網站的核心價值之一：希望未來全世界的華人學生，都能在教育上擁有更均等的學習機會。

不可以放棄影響
總成績的任何一科

放棄任何一科，拖垮全部的努力。

做為一個學生，在求學的路上肯定是會遇到無數次的大小考試。在此，我要提供大家一個非常重要的考試觀念：

「千萬不可以放棄影響總成績的任何一科！」

大家可以看看下面例子：

學生A和B實力都不差，但他們的應考思維有以下的兩種差異。

◎ 學生A——在某個升學考試中，國文、英文、數學、自然、社會五科雖然沒有特別頂尖的科目，但都穩紮穩打，成績都屬中上。

◎ 學生B——在同樣的升學考試中，放棄了數學科，希望靠著國文、英文、自然、社會四科來拉分。

🖊 放棄不只輸一半

　　如果你想要採用B的做法還能得到贏過他人的目的，我可以告訴你，這真的是一件困難的事，為什麼呢？讓我來分析一下：

　　假設有A、B兩個同學，平常唸書的實力都不差，現在要進行一場考試的競爭，科目有五科，每科滿分100分。A的策略是每科都不能放棄，B因為害怕其中一科，「感覺」就是不想唸，所以他的策略是直接放棄那一科，專攻其他比較強的科目，企圖藉由四科優異的表現一舉擊敗A。

　　最後通常會有什麼結果呢？

　　由於A、B實力都不差，所以A五科平均考了80分，總分400分。而B專攻其中四科的策略如他所願奏效了，其中四科得到平均90分，但是放棄的弱科只得到30分，總分是390分，還是輸給了A！

　　這是因為他就算再努力，也很難在大家都不錯的科目上贏過別人多少，但是一旦放棄了某個科目，失去的分數是很可怕的，會一舉把所有的成績往下拉，最終還是輸給了別人。

🖊 任何科目都要全力以赴

　　所以，我要再一次跟同學強調，「全部科目都穩住，往往比專攻某些科目，具有更大的競爭力！」因此，對於想要追求卓越成績的同學，你沒有放棄任何科目的權力！

　　在上面的例子中，數據都是我自己設定的，如果你不相信

的話，不妨去觀察一下身邊同學的例子就會知道，這的確能反應相當程度的事實。從我教書以來，不知道看過多少學生，因為戰勝不了內心對於某個學科的恐懼，而放棄了對於該科的學習努力，導致最後拱手讓出本來應該屬於他的勝利寶座，十分可惜。

如果你放棄一個科目，真的補得回來嗎？我們以民國一百年的基測為例，假設你放棄數學，然後考試的時候又猜題猜得很普通，假設數學科總分80，讓你得到四分之一（大約20分）的分數好了，那你放棄掉的60分，等於其他每一科（不含作文），要多15分才能補救，就算你其他四科都拚到頂尖滿分80，連作文也拿到滿分12分，那你的總分也是352分，想拚進明星高中一樣不可能！

但是話說回來，如果你都有這種努力唸好其他科的決心了，又怎麼甘心讓自己為了數學一科而與理想的學校失之交臂？所以，如果你真的想在升學考試中取得高分，結論只有一個，那就是「任何科目都要全力以赴，一科都不能放棄！」

高中文組勝出的關鍵是數學

很多高中文組的學生，更是容易犯了「放棄某一科」的毛病，而且幾乎都是反應在放棄數學這個科目上。這也難怪，很多文組的學生就是因為討厭理科才選擇了文組，但是請不要忘了，就算指考不用考物理和化學，學測或指考一樣要考數學！事實上，如果你去問前幾志願文組科系的大學生，很多人可能都會說：「文組根本就是在比數學的！」

我在這裡要鄭重的提醒大家，文組的學生文科好是基本要求，數學才是最後勝出的關鍵！如果你還沒有警覺到這點，不妨想想，很多文組的學生雖然討厭數學，但也有更多的同學是因為認為自己有能力把文科唸好，才選擇了文組。既然大家都有能力唸文科，你再怎麼努力，讓社會科考滿分好了，能贏過優秀的考生幾分？如果你想要跟最頂尖的學生競爭，文科考好已經沒什麼稀奇，你必須確保自己的數學一定要好，才能在考場上贏得最後的勝利！

正常人別跟天才學讀書

天才是稀有動物，想要順利升學，贏過正常人就夠啦！

以前唸高中的時候，我旁邊坐了一位胖胖的劉姓同學，他的外表貌不驚人，上課又常常心不在焉，整天在我耳邊嘮叨著：

「哎唷，昨天又看了一整晚小說！」

「怎麼辦？我都沒唸書！」

但是，數學或物理考試成績公佈時，全班大部分同學都只有30、40分，他卻可以衝到90分以上，甚至接近滿分，令其他同學感到傻眼。

如果你去問他數學題，他就會用手指在書本上這邊揮一揮、那邊指一指，說：「這題就這樣那樣，這個移過去、那個移過去就好啦！」有時候甚至還會說：「這題不就是這樣？還會有什麼問題嗎？」搞得問的人好像都是白痴一樣……

有一天在學校，他突然問我：「欸～高至豪，下一節國文課是不是要默書？」

「對啊，幹嘛？」我說。

「糟糕了！我忘記要背耶，怎麼辦……」

「那就算了，下次再背啊！」 我不理他，繼續複習昨天背了一晚上的課文。

過了五分鐘後，他說：「高至豪，我背好了！我背給你聽，你幫我看看對不對……」

結果他還真的背得一字不差……唉，你說氣不氣人？

發現自己的天才

不知道你身旁是否也有這樣的人？他們唸書似乎不費吹灰之力，就可以輕鬆地考高分，而且不是裝出來的，是真的不太需要努力，就可以達到好成績，實在是令努力用功的同學感到十分洩氣！

每個人都有屬於自己的天賦和能力，當然有少數人天生對唸書就是非常在行，別人花了很久時間才搞懂的觀念，他聽一次就懂了；別人要看十遍才記得住的內容，他看一遍就記住了。如果有一天，你突然心血來潮，跑去請教這些同學究竟是怎麼唸書的，他很可能就會跟你說：「就這樣唸啊！」

你心裡不免嘀咕：「我也『這樣唸啊』，怎麼我們的成績差這麼多呢？」

所以說，究竟有沒有所謂唸書的天才？我認為沒有是騙人的，但是那種人是很少數的，他的唸書方法也是個人獨有的，一般同學不必去學，也學不來。如果我高中的時候傻傻地去學這位劉同學，整天看小說、睡覺，我的數理成績會自動變得跟他一樣

好嗎？想都別想！

　　同學們也不要覺得這麼聰明的人真是佔盡優勢，自己永遠也比不上他們，而對唸書感到沮喪而無力。如果你是要比升學，雖然這些人在唸書上擁有很好的天賦，但畢竟是極少數，就算你立志考取前幾志願，也不可能被他們排擠到多少名額。如果你要比升學之外的能力，那我更可以告訴你，就算有些人唸書上是天才，但並不代表他們在其他領域也天資過人。像這位劉同學雖然數理能力超強，但是他在音樂方面的才能就明顯比我弱得多！我相信，每個人都有自己獨一無二的特質和天賦，只要你認真去探索和挖掘，你也會發現自己與眾不同的地方，更可以努力在屬於自己的舞台上發光發熱，沒有必要只用「課業」的表現來衡量自己真正的價值！

罵愛因斯坦是懶狗？

　　事實上，很多擁有卓越成就的人也並不是從小就天資聰穎的，反而是正確的態度和方法，加上持久不懈的努力，最終才造就了非凡的表現。即使是科學界備受推崇的物理學家愛因斯坦，小時候還被懷疑智商是不是出了問題，在學校唸書的時候，他也沒有特別出色的表現，還曾經被老師罵是懶狗。但是他始終著迷於自己腦袋裡面有興趣的東西，二十六歲的時候就發表了驚人的相對論，從此改變了人類對整個宇宙時間空間的既定觀念。直到現在，很多人更是把愛因斯坦視為最聰明、最令人崇拜的偶像。

　　所以，當你因為一時的課業壓力，覺得自己沒辦法把書唸

得很好而感到沮喪的話，想想愛因斯坦的例子吧，不要這麼快就否定自己的能力！

我很早就認為，我的資質跟別人比起來，絕沒有特別出色，所以從國、高中開始，我一直告訴自己，在學習的路上，一定要扎實地下功夫，一點都不能心存僥倖。我想，正是因為抱持著腳踏實地的學習態度，即使求學的路上走得比較艱辛，結果始終是有回報的。

從另一個觀點來看，正因為我沒有過目不忘的記憶本領，也沒有現學現懂的領悟能力，所以我不斷地努力研究一般人也能達到的成功方法，今天才有機會寫這本書，跟大家分享這些寶貴的經驗。如果我的學習過程太過順遂，不但無法在人生的道路上鍛鍊出強大的鬥志，也不會有這麼多的心得可以分享。

對於一個人的成就高低，我們可以發現一個普遍適用的結論：

普通資質 ＋ 正確方法持續的努力 ＞天才資質 ＋ 不努力

所以，就算你在唸書方面反應比較慢、領悟力比較差，仔細研讀本書或相關書籍所提供的學習方法，找到適合自己的方法，持續努力，一樣可能會有優異的成績。

想要在人生中取得令人滿意的成功嗎？別再整天跟少數出類拔萃的人做比較，也不要用不成熟的想法否定自己，阻礙自己勇敢向前。從現在開始，找到最適合自己的學習方法，努力邁向成功吧！

PART 2

我如何從國中放牛班到考進台大

教育改革的白老鼠

學風低迷的實驗性班級

外化而內不化,盡力做到最好

胸無點墨硬著頭皮踏進明星高中

偉大的成就來自於強烈的渴望

唸書不只靠用功,效率提升是王道

解開成績無法提升的「潛艇理論」

聯考大戰前一刻,終於磨成鋒利寶劍

誰說唸書和興趣不能兼顧

教育改革的白老鼠

想成為教育改革的實驗品，要有心理準備。

　　民國一百年的時候，我在台北市一所私立中學任教，指導國三的學生準備基測的理化科目。當時，參加國中基測的學生，必須參加只有在北部舉辦的「北北基聯測」考試，一般國三生對於基測已經夠頭痛了，現在又多了這項考試，導致學生們更是苦惱。看著這些無奈的學生和家長們，我想到了自己升國中時的經歷。

　　當時教育部為了減輕學生的壓力，避免「一次考試定終生」，推行了一種新的教育方案，稱為「自願就學方案」，主張國中生不用參加高中聯考，直接以在校成績分發進高中。「自願就學方案」可以算是民國一○三年即將推動的「十二年國教」的預備方案，其主張廢除國三畢業升學考試的精神是完全相同的，所以對於即將到來的十二年國教免試升學制度，我也算很早就體驗過了。

✏️走樣的快樂學習方案

「自願就學方案」，當年並不是全面實施，只對少數班級進行「實驗」，所以由家長自行做選擇。當時我媽跟很多家長一樣，希望孩子能在學校快快樂樂地學習，既然參加這個班級不用聯考，國中生活應該會過得更快樂吧！因此，她幫我報名了自學班。

國一時，在老師用心帶領，和全班的團結一致下，我們班的課業成績或許不是最厲害的，但是在整潔比賽、秩序比賽、歌唱比賽、拔河比賽等競賽方面，經常是全校的常勝軍。這真的是非常不容易的事，連我都很訝異，我們班怎麼會這麼優秀。

但是，好景不常，到了國二時，班上幾個有影響力的同學因為某些因素開始變得叛逆、討厭老師，上課的時候喧鬧作亂，於是，一些同學開始有樣學樣。加上沒有聯考的壓力，班上的讀書風氣也就越來越差，所幸的是我沒有被影響，依然堅持要好好讀書。

學風低迷的實驗性班級

學習、成長一定要靠自己!

　　在國中生這個年紀,很難要求他們有足夠的獨立思考和自律能力,受到班上一些意見領袖影響,很快的,委靡不振的風氣就蔓延了全班。上課時,班上同學睡覺的睡覺,玩鬧的玩鬧,不但班上功課好的同學成績開始直直落,本來乖巧聽話的同學也開始嗆老師。在一個紀律失控的團體裡,人類最潛在的暴戾、劣根性,更是肆無忌憚的一一顯露出來。班上有些女生莫名其妙的成為被男生欺負的對象,在言語上和肢體上飽受霸凌,敢怒而不敢言。

　　當班上情況越來越失控後,原本個頭很小的級任女老師,也無法控制住這群脫韁野馬,所以整個班就這樣一直亂下去,直到國三畢業。

被犧牲的學生

　　自學班在經過幾年的實驗後,由於成效不彰停辦了。現在

回頭看，我承認自學班的學習風氣確實很差，但自學班「降低升學壓力，鼓勵多元發展」的精神沒有錯，錯在於沒有提供足夠的軟硬體、師資，來引導每位學生找到自己的出路，導致學生在沒有升學壓力的束縛下，又沒有其他途徑可以學習成長、宣洩精力，當然很容易就在班上喧鬧一片，造成學生和師長都不愉快的局面，這真是一件令人遺憾的事。

而我們這些自學班的學生在畢業後也都一樣必須走上高中職和五專的傳統教育路線，與一般學生一同競爭。可是在國中三年的學習空窗下，缺少基本學科的訓練，進入高中之後，往往難以適應新學校的課程和進度，形成在校內墊底或留級的現象。這種感覺有點像是一群沒有經過訓練的士兵，卻被硬是推上了戰場，很快的就在戰區屍橫遍野，令人惋惜。

✐ 所有選擇都要由自己承擔

我並不後悔參加了這個班級，畢竟這是自己的選擇，只是可憐了很多學生，在這個教育制度下無法堅強的站起來，甚至在學業上選擇自暴自棄。

走過這段學習歷程後，我必須要告訴大家的是，學習成長一定要靠自己，找到適合自己的路。人生的路一定要自己去探索、去發掘，只有多體驗不同事物後，才會知道自己究竟要過什麼樣的生活。不要仰賴外界能為你安排出人生的康莊大道，自己的事一定要自己負責。

外化而內不化，
盡力做到最好

就算環境再怎麼不好，一樣可以選擇成為自己！

　　國三的時候，由於找到了唸書的動力，我整個人如大夢初醒，認真地為了自己的未來而奮發圖強、努力用功。

　　你可能會問，在大部分同學都不唸書的環境裡，難道不會受到影響嗎？我想說的是，當一個人真心想做一件事的時候，他永遠有權力選擇成為自己，做自己的主人，只看你要不要下定決心罷了。

　　自從我決定要好好的為課業成績努力後，儘管每天上課時班上還是一樣吵，但我卻非常認真地學習，跟那些不愛唸書的同學每天相處在一起，也無法動搖我內心渴望成功的強烈意念。莊子〈知北遊〉裡有句話：「外化而內不化」，意思是人的外在行為表現雖然隨著環境而變化，但內在思想卻仍保有明確的自主意識，能夠掌握自己人生的方向，我那時就是處於這樣的情況。

　　自學班是以國中三年的總成績，來做為分發的依據。國一成績平平、國二成績低落的我，由於國三一整年成績的大幅提

升，有機會分發到男生第三志願：成功高中。

追隨心靈與直覺

現在回想，如果當初我沒有覺醒過來，仍然跟大家一樣玩樂、不唸書，少了國三優秀的成績加持，怎麼可能分發進入理想的高中？如今的我，又會是什麼樣子呢？我真的難以想像。

絕大多數的人都會因為跟大家做同樣的事，朝同樣的方向前進，而感到有安全感。不只是行為容易變得跟大家一樣，到最後，甚至連想法、價值觀，都可能跟著大家一致。但是，人之所以異於其他的動物，就在於擁有獨立的思想和由內而發的自我意識。

很可能有一天你也跟當初的我一樣，面臨到內心的聲音與周遭的環境不一致的時候，對於究竟要不要做自己而感到不安和迷惘。如果真的遇到這樣的困惑，讓我送你一段我很喜歡的話，這是已故的蘋果電腦創辦人，史蒂夫‧賈伯斯所說的：「勇敢去追隨自己的心靈和直覺，只有心靈和直覺才知道你自己的真實想法，其他的一切都是次要。」

這句話，在我的人生中不只一次被驗證是正確的，希望也能對你有所幫助。

胸無點墨硬著頭皮踏進明星高中

戰戰兢兢的心態，反而是日後成功的開端！

　　成功高中，是間歷史悠久、升學率高的學校，帥氣的制服更是許多學生引以為傲的特色。國一、國二成績極差的我，對於自己能夠進入這所學校就讀，興奮之情不在話下。但是另一方面，我也深知，以我真正的實力根本考不進這間學校，未來即將面對的同學，程度想必都比我好很多，我該如何跟他們競爭呢？想到這裡，就令我感到緊張和害怕。

　　開學後，果然和我預料的一樣，即使從上課的第一天起我就不敢懈怠，仍然無法應付每天排山倒海而來的沉重課業壓力。

　　第一次段考的成績很快出爐了，我的名次是班上倒數第三名……

　　「你還能贏過兩個同學，不錯嘛！」

　　但是，這兩位同學也跟我一樣，是從自學班畢業的！

　　認清這個事實之後，我有一種欲哭無淚的感覺。從小到大，雖然成績也沒有多好，但從來不知道什麼是墊底的滋味。如

今，班上所有非自學班的同學成績都比我好，令我感到萬念俱灰。那種感覺，就好像直直落到了井底，井口的陽光是那麼的遙不可及，我完全不知道該怎麼做，才能夠爬出這無底洞般的深淵。

被課業擊倒？

除了我之外，班上其他的自學班同學狀況也不好，有一位同學我印象非常的深刻，他個子矮矮的，坐在班上最後一個座位，放眼望去，幾乎沒有人注意到他。

進入高中後，考試總是倒數第一名的狀況並沒有激發出他一點點的鬥志，反而將他徹底的給擊倒了。他每天在學校總是見人就笑，卻是那種尷尬、苦澀、又無奈的傻笑，每次看到他的笑容，我的心裡不禁浮起一股淡淡的哀傷。

其他國中自學班同學的狀況又是如何呢？以前在班上都考第一名的男同學，後來順利分發進建國中學。高一時，偶爾他還會打電話來跟我哀號高中的課業好難，聽也聽不懂、唸也唸不會，後來升高二時，聽說他留級了，等到畢業時，就再也沒有聽到他的任何消息了。

偉大的成就來自於強烈的渴望

在牆上釘著「我要考進台大」，激發自我強烈鬥志！

　　前面提到，「任何無與倫比的成就，背後都有一股強而有力的動機，或者美好嚮往的未來，驅使著自己不斷勇敢向前邁進」，高一時的我，就充分的驗證了這句話。

　　眼看著這麼多自學班的同學，在高中的戰場裡敗陣下來，在課業的打擊下自暴自棄，我的心裡，有股強大的鬥志隱隱浮現，我暗暗地立下了一個非常認真的決定，我一定要用我所有的力量，努力扭轉這個局面，我一定要證明，自學班學生一樣可以唸到名列前茅的成績。我想要考上最好的大學，來證明自己也可以做得到，並且為幾乎潰不成軍的自學班體系，爭回一口氣！

　　這個念頭在我高一的時候開始萌芽，也開啟了我整整三年艱苦學習的日子。

　　這個明確的動機，讓我每次想到的時候都感到熱血沸騰，這股想要成功的強烈欲望，也逼使我一步步向前邁進！

✏️ 寫紙條自我激勵

　　當時，我常常幻想自己考進名列前茅的名次時，那種驕傲滿足的感覺；也常常想像自己的成績單貼在班上和學校的公佈欄，接受同學們欽佩和讚嘆眼光的情景。我還用黑色的簽字筆，在一張大紙條上工工整整的寫下「我要考進台大」的斗大字樣，放在書桌前，讓自己保持高昂的鬥志，而在想要偷懶或唸書散漫的時候，它也提醒著我要再多唸一點書、多算三題數學、多用功一點，然後就可以朝夢想更前進一步。透過這樣持續的自我激勵，我一點一滴地漸漸累積越來越堅強的實力。

　　有一天，我在逛書店時看到一套「激發潛能錄音帶」，要價近兩千元，對於一個窮學生來說這不是筆小數目，但我居然毫不猶豫地拿出平常辛苦存下來的錢購買這套錄音帶。它的內容是先放一些輕鬆的音樂，然後再重複講一些「你一定會成功」之類的勵志格言。

　　對於一般學生來說，會花錢買這種錄音帶簡直是不可思議的事，可想而知，當時的我，是多麼想要成功，並且願意付出最大的努力！

唸書不只靠用功，效率提升是王道

唸書不只靠一股傻勁，還要找對方法才行！

從高一開始，我就下定決定，一定要盡最大的努力，在課業上達到登峰造極的成績，於是我開始思考，該如何做到？

你很難想像，那時的我居然會想到一個笨方法，我告訴自己：「既然我的程度那麼差，那我高中三年就把它當六年用，每天用加倍的時間努力，我就不相信會唸不起來！」因此，我每天拚命唸書到凌晨三點，還自以為很用功而暗自得意。

大錯特錯一團亂

每天唸到凌晨三點的我，表面上看起來好像唸了很多書，但其實在這麼晚的時間唸書，精神非常不濟，不但唸書的效率極差，由於每天只睡三個小時，第二天上課時也幾乎是呈現半夢半醒的狀態，實在痛苦極了！

這樣看來，我不但晚上唸書沒有效率，白天上課也完全聽不進去，結果如何呢？當然是學習情況一團混亂、成效極差！

當我意識到這個問題越來越嚴重後，終於發現再繼續這樣下去，也不可能達到想要的目標，於是我開始認真地思考，應該要調整一下讀書策略，在單位時間內達到最好的學習效果才對。高中三年時間有限，只有學習的速率提升，才有可能在高中畢業前讓自己的實力足夠跟其他同學競爭。

✏️ 改變方法讓我穩定進步

有了這個「政策性」的大轉彎後，我思索著該如何把每一分每一秒的時間，最有效的投注在學習上，我不但蒐集了許多讓唸書更有效率的方法，並且一一嘗試，試圖找出真正好用的辦法。

我開始晚上早一點就寢，但是睡前先背幾個單字、幾段課文、看一些勵志的文章，讓這些記憶隨著睡眠進入到深層的潛意識之中。早上剛起床時，我會先複習一下昨晚背的東西才出門。坐公車時，我不是在車上補眠，就是用耳機聽一些學習的教材，或者背一背今天要考的默書；由於我很容易暈車，在車上用耳朵和腦袋來學習正是最適合我的方式。

在課堂上，我很認真的搞懂教材的內容，安排自己要唸的書、要寫的測驗題。放學回家等公車時，也一點不浪費時間的把書拿出來猛K。

體認到唸書效率的重要性，並且確實執行許多有用的方法，一段時日後，我看到自己在課業上有了穩定的進步，並且不斷的超越其他同學。

找對方向再衝

正如我一再強調的，唸書雖然不可能一步登天，但是絕對有比較好的方法，如果你不懂得如何用最適當的方式來唸書，在學業上面就會一直不見起色，搞不好還會認為是自己天生資質太差，因此怨天尤人、自暴自棄，那不是很冤枉嗎？

有了高一錯誤的嘗試後，日後我不論學習任何事物，都非常了解效率的重要性，更深刻體認到，做很多事情時不要只是當一個拚命三郎，往前衝就好。除了努力之外，你更要從一個宏觀的角度，去觀察自己現在的努力方式，是不是真的能讓你一點一滴的在進步當中。

就算你執行了某些唸書方法，成績並沒有明顯的起色，但如果背書的時間縮短了，或者比較容易聽懂某個科目的內容，這些都代表你確實正在進步當中，正往成功的道路邁進！

解開成績無法提升的「潛艇理論」

成功可能就在下一秒，現在放棄就真正失敗了！

不知道大家有沒有這樣的經驗：「有時候努力辛苦了好一陣子，就是一直無法看到成果，頓時失去了信心和鬥志，很想就此放棄。」

在求學路上，我也曾遇到過這樣的瓶頸，雖然有些灰心，但還是抱持著一股傻傻的衝勁努力向前。這麼多年過去了，當我回過頭看才發現，當時的我其實一直都在累積成功的能量，等到時機成熟時，自然就會爆發出來。慶幸的是，當時的我沒有放棄努力，否則很多學習上的成果可能都將化為烏有。

🖊 潛艇理論

在學習的路上，我領悟到了「潛艇理論」。這個理論的重點在於：「學習若是要明顯看到成績的進步，一定要累積到一定的門檻，在那之前，你即使實力增加，也未必能反應在分數上，此時一定要更加持續努力，不可放棄，終究會看到分數的明顯提

升。」

　　不知道大家有沒有看過航行中的潛艇？當潛艇沉在深海裡時，從海面放眼望去，完全察覺不出它的存在。假使潛水艇要浮上水面，儘管距離水面越來越近，只差幾公尺而已，只要潛艇還沒有浮出水面，仍然很難發現它的存在！這就像很多同學努力了好一陣子，方法也都正確，但是就是看不到有好的成績出現，這到底是怎麼一回事呢？

　　各位同學，有時候成績的提升，確實是沒有那麼快就可以看到的。畢竟好的成績，要求的是你能夠在考試時答對很多的題目，有時候你的進步還不足以答對足夠多的題目，考試的分數仍然很低，這並不是你的努力沒有效果，純粹只是考試的鑑別度無法把你的努力客觀的反映出來，如果你當下以為自己的努力根本沒有效果，因而直接選擇放棄，那就太可惜了！

✏️下一秒是上升或沉沒？

　　舉個例子來說好了：假設有一張數學考卷，若要考到及格的60分，一定至少要融會貫通某四個數學觀念。以前你都不唸書，一個觀念都不會，當然就不可能及格。而現在你努力了好一陣子，居然學會了其中三個觀念，但是因為你還有一個觀念沒學會，所以就是無法順利解出足夠的題目，這張考卷還是不可能及格。

　　此時，如果你只看分數，一定會很沮喪：「怎麼我努力前不及格，努力後也一樣不及格？那一定代表我的努力沒有用！」

可是，如果你不只看分數，而是用更客觀的方式去思考：「就算考試分數沒有起色，但是我確實比以前多懂了三個觀念，所以我應該是進步了！」當你用這樣的觀點來看待學習，就不會掉入分數的假象，而誤以為自己的一切努力都是白費了。

所以，千萬不要因為一時在分數上看不到起色，就放棄了持續的努力，你很可能就是差那幾公尺、幾公分的距離，就會在學業上越走越順。不要因為眼前看不到成果，就停止努力，一旦你放棄了，才是真的失去希望。

有些人可能會反駁：「根據你的潛艇理論，潛艇在上升的過程中可能在下一秒鐘就突然浮出水面，但是也搞不好潛艇早就沉沒在海底了，沒有持續地上升，你憑什麼能夠認為它終有一天會浮出水面？」

沒錯！潛艇理論可不是叫你像傻瓜一樣，以為用任何方式努力，終有一天都會得到回報，這是不切實際的想法。如果你一開始就走錯了方向，就算持續努力再久，也很難期望會成功！你必須在學習的過程中，能夠具體的說出自己究竟在哪些單元、哪些內容當中，有了更多的認識和理解。例如你比以前多學會了一個公式的用法、多會計算一種題型……如果你發現自己努力錯了方向，請找出真正的原因，重新來過吧！

聯考大戰前一刻，終於磨成鋒利寶劍

打通全身筋脈，練成高段武功！

　　高中的時光過得很快，轉眼間已經到了高三的下學期。跟高一剛入學時的自己相比，此時的我已累積出可觀的實力。但是，我心底明白，現在的能力仍然不足以考上理想的大學，尤其高一、高二時沒有完全弄懂的課程，有可能會成為我在應考時的絆腳石。

　　但是，煩惱歸煩惱，人生的時鐘並不會等你，依舊繼續快速地向前推移，逼得我沒有時間再去多想，我只好在心裡告訴自己：「拚命向前衝吧！這是你現在唯一能做的，你沒有時間再去多想，更沒有時間再去煩惱，用盡全力狂奔到終點為止，不要留下任何的遺憾！」

　　當時可以透過申請的方式進大學，或是在高中畢業後參加七月份舉辦的聯考（等於現在的指考），但是申請入學必須要考量高一和高二的成績，偏偏那是我成績最糟糕的階段，因此，我只能選擇把目標直接放在大學聯考上。

考前三個月，我開始有計畫性地規劃考前的最後衝刺，包括按部就班的唸完高中三年所有要考的內容，並且準備歷屆的考古題，在考前一個月為自己舉辦數次的「模擬考」。

一個人在強大的壓力之下，究竟可以釋放出多少不可思議的潛能，如羽化般的蛻變，達成不可能的任務？過去的我從來不知道，但在這三個月內，我卻見證了難以想像的奇蹟，發生在我身上。

考前三個月的衝刺奇蹟

在聯考前最後三個月的衝刺期，龐大的壓力逼得我更加專注在學習上。此時，每天埋首苦讀的我，彷彿看到了時光機器，把我過去兩年多的努力，快速播放了一遍：高一凌晨的熬夜苦讀、每天公車上的閉目沉思、一題想了兩個小時還是做不出來的沮喪痛苦等等⋯⋯一幕幕的場景，像幻燈片般，在我腦海裡不斷播放著。而令人意外的，我深刻感覺到，我的潛意識主動地幫助我，把過去所有的記憶、理解、思考，經驗，全部都組織在一起，高一高二時學不會的題目、觀念、公式，如今都逐漸在腦海中自動歸位、排列整齊，架構出清晰而有邏輯的完整圖像。每一天，我都有種撥雲見日、豁然開朗的神奇感覺。我清楚地知道，自己的實力正以不可思議的速度飛快地成長。

除了明顯感受自己理解的能力產生奇妙的變化，在最後衝刺的緊要關頭，我的身體也奇蹟似的，賦予我不可思議的潛能。我感覺到唸書的速率像噴射機一般飛了起來，達到以前從未擁有

的超高效率。高一時一頁要慢慢摸索一個小時的我，此刻眼睛像雷射般以極高的速率快速掃描過課文，而且還能充分吸收；常常在唸書時，手也飛快似的一頁頁翻閱著書本，一頁、兩頁、一章、兩章……以這樣有如神助的速度、高速的朝目標前進。

努力開發深不可測的能量

聽起來很不可思議嗎？事實上，這種特殊的經驗，我相信曾經專注準備過大型考試的同學都能夠體會。推究背後的原因，也不是什麼神祕未知的力量，而是人本來就是一個具有豐富潛能的生物體，每個人身上都蘊藏了深不可測的能量，只看你有沒有透過學習、訓練、努力，把它們開發出來。很多研究報告也指出，一般人的頭腦其實只使用不到10%，在每個人的身上都還有許多看不見的天賦，等待我們去開發。只要你使用正確的方法，持續不斷的專心投注在一個領域中，終有一天，你將會發現，自己具備了從未擁有的能力。

而從這三個月的努力經驗中，我也深刻了解到，原來人生中的努力，就算當下沒有立刻開花結果，只要你扎實地下功夫，就不會白費。每一次的學習，就算沒有馬上弄懂甚至考到滿意的分數，都會在你的記憶中留下刻痕，成為你內在的一部分，等到適當的時機就會展現出來。

如果當初我沒有堅持努力，如果當初我經過幾次考試還看不到滿意的成績，就灰心喪志、放棄努力，又怎麼可能在高三的時候，能夠一舉把高中三年的課程全部掌握通曉呢？

直到現在，每次看到很多的學生，短期內沒有看到成績的進步就灰心放棄，或是無法有恆心的持續努力，我都會把自己當年的這段故事告訴他們，希望他們不要因為眼前的迷惘，而放棄了繼續前進的勇氣。

我也經常告訴一些考生，在考前一個月，要讓身體進入一種最佳的境界，身體、心理、靈魂三者都調整到平衡的狀態，三者合一之下，人的潛能將會完全的釋放出來。例如身體要維持著規律的狀態，每天六點起床、十二點前就寢，三餐飲食營養而均衡。心理要平靜而堅定，沒有雜念，專注在自己的目標上，並且擁有成功的信念，賦予自己努力前進的意義。

✎ 考試技巧全部一舉用上

在聯考前的一個月，為了準備考試，我把寫考卷的策略，一遍又一遍的磨練到令人滿意的精準地步。

我的右手因為出生時被接生的醫生粗暴地拉壞了神經，右手臂神經叢一輩子受損無法復原，導致右手不但活動能力受限，而且非常容易疲倦，因此需要大量寫字的作文，是令我最頭疼的考試內容。儘管如此，我仍然盡可能找出最佳的寫字方法，讓我能夠做到書寫最快速、運筆最省力、字跡最好，以避免在考場無法順利完成作文測驗。

在聯考當天，我印象很深刻，當作文寫完最後一個字，就是考試時間完畢時，一分也不差。我都已經練到這種地步，也完全發揮我的所學，就算結果不盡人意，我也沒有怨言了。

高中三年來，我始終是抱持著咬緊牙關不放棄的學習態度，就算沒有好的成果，就算常常看到成績單失望，卻從來也沒有想要放棄自己，放棄努力，只有一股傻傻的衝勁和勇於探索的精神。因為我認為：「除非到了大學聯考結束的那一秒鐘為止，否則我永遠都有成長的可能，永遠都有可能最終嘗到勝利的果實。如果現在放棄了，才是真正永遠不可能實現我的夢想，為了這麼一點點的可能性，即使微不足道，我也願意繼續奮鬥。」

　　這些努力、這些耕耘，在學校的小考、段考中，雖然並沒有立刻在成績上有所反應，但事後證明，當年的這些深夜苦讀、苦思冥想，都像是一顆顆尚未發芽的種子，落入泥土，已經為未來埋下了開花的可能性。

　　在聯考前的一週，已經是大戰的前夕了，我為自己安排進行考古題的測驗，找出歷屆的聯考試題，並從頭到尾計時考一遍，看看我能得多少分數。當我寫完數學、物理這些我當年完全無法應付的科目時，算一算成績，居然都是超過高標！

　　站在這個歷史性的時間點上，看著眼前幾乎可以穩上許多人心目中最好的台灣大學時，我很慶幸這三年來，從來沒有放棄自己，我很驕傲地肯定我自己，我真的做到、完成了這個不可能的任務，這種激動的感受是一生中很難再重現的。

誰說唸書和興趣不能兼顧

課業和鋼琴、理性與感性的最佳調和！

在高中那段艱苦求學的歲月中，有一樣東西一直陪伴著我，讓我在疲憊的時候可以獲得力量，讓我在孤獨的時候得到安慰，成為我心靈上一個重要的支持力量，是我生命中極為重要的一部分，那就是鋼琴。

鋼琴不僅從小就一路陪伴我長大，讓我在記憶當中永遠擁有著難以取代的深刻感動。因為對它的熱愛始終不減，長大之後，更因此而引導我走向音樂創作之路。現在的我，不但兼職進行鋼琴作曲，成為網路鋼琴創作家，寫出紅遍網路的知名鋼琴曲〈The Truth That You Leave〉，更與流行歌手例如炎亞綸、潘裕文，在作曲和MV拍攝上有所合作呢！

廣泛學習，音樂的種子從小學萌芽

小時候爸媽就讓我學習很多才藝，尤其是我媽，只要我開口說要學什麼，她一定是全力支持。我學過的才藝很多，包括鋼

琴、畫畫、書法、速讀、溜冰、英文、跆拳道、網球等等。寒暑假的時候，她還會讓我去參加夏令營、冬令營，除了增廣見聞之外，也讓我的寒暑假過得更為充實有意義。

我爸從事高中物理的教育工作，有時候會讓我參加科學相關的活動，或帶我去參觀科學博物館，增加我在科學方面的知識。他也鼓勵我參加童子軍，除了培養與人相處合作的能力之外，也能夠增加跟大自然接觸的經驗，拓展身心。小學五年級時，我就跟著童軍團到韓國參加了十五天的世界大露營，與全世界的童軍交流，打開了視野。

雖然小時候接觸過很多才藝，當時卻像很多人一樣，也確實沒有把那些才藝學得很好，雖然很多人會覺得這樣是浪費錢，但是我反而要和大家分享一個很重要的觀念：小時候學習才藝，不見得會讓你馬上變成一個神童，年紀小小就能在某個領域發揮長才，但是更重要的是，這些經驗雖然一時未見成果，卻可能啟發你對於不同領域的興趣，只要時機成熟，或許終有一天，一樣會開花結果。

對我來說，儘管從前的才藝大多都「學藝不精」，但因為從小對於各項事物的廣泛涉獵，我才有機會漸漸發覺自己對鋼琴的熱愛，直到後來漸漸走向音樂創作之路。

因為受到音樂感動而激勵出練琴的動力

很多人聽我在公開場合演奏鋼琴，常會問我一個問題：「你學琴多久了？」其實從小到大，我跟老師學琴的時間並不算

長，斷斷續續加起來只有五、六年的時間，剩下的時間都是靠著自己的熱情，持續地保持跟鋼琴的接觸。

最早接觸鋼琴，是在唸幼稚園時，參加了「山葉音樂教室」舉辦的大型音樂班，許多家長陪著小孩一起上課，老師會教一些簡單的樂理和音符。當時我對鋼琴還沒有什麼特別的感覺，只覺得有些曲子很好聽。

唸小學的時候，我迷上了法國流行鋼琴家理查克萊德門，覺得他的作品實在是太精采、太好聽了，簡直就是天籟！好幾次，我一個人靜靜地聆聽他的作品，內心充滿幸福又感動，好像天底下再也沒有什麼更重要的事情了！可能有些人會好奇，一個小學生真的會對音樂產生這麼大的感動嗎？套句《小王子》書中的話：「大人們都曾經是小孩，只不過他們都忘了。」我常覺得，小孩子才有特別純真的特質去體會生命的美好和驚奇，你看小孩子對大自然很多現象很容易感到驚嘆不已，只有大人才會對於天地萬物表現得「老神在在」，好像這一切都沒有什麼。

那時我除了把姊姊買的《理查克萊德門》專輯卡帶，反覆聽到卡帶上的磁條磨壞、曲子都走音變調了。我還找到這張專輯的琴譜，在沒有老師指導我的情況下，一個音一個音的把我喜歡的曲子，硬是給苦練了起來。

「如果一個人對一件事物可以如此著迷，甚至願意付出這麼多的辛苦來學習，那肯定值得好好去培養它、發展它，讓這件事物陪伴你的一生，為人生增添許多豐富的色彩。」可說是我對鋼琴的寫照。

✏ 真正熱愛的興趣值得認真的投入

我很小就發現自己很喜歡鋼琴，但從來沒有人告訴過我，既然我對它這麼有熱情，就應該要好好持續的接觸它，不要輕易放棄。所以在唸高中之前，我的鋼琴技巧不但十分生澀，而且只是抱持玩票的心態。

一直到國三快畢業時，有一次音樂課下課時，幾個同學留下來聊天，我順便彈了幾首我會的曲子，引起老師和同學的注意，他們第一次知道我居然會彈鋼琴。而我也發現，以前除了自己彈鋼琴很開心外，能夠跟別人分享琴音的感覺一樣很棒！

當時，我開始有了想要好好精進琴藝的念頭，而且這個想法越來越強烈的佔據在我的腦海裡，於是我下定決定，一定要將鋼琴的技藝提到更高一層的水準。雖然不知道這項決定，是否會對我未來高中繁重的課業造成負面的影響，但我很清楚的知道一件事：「如果我因為害怕就不敢嘗試真正想做的事，將來一定會後悔！」

想通這件事後，我很快的就找到住家附近的一位北一女音樂老師指導我彈琴，媽媽也支持我自己做出這樣的決定。於是，從高一開始，我開始接受專業的鋼琴課程，奠定了現在的鋼琴演奏基礎。

從小到大，只要我確定想做什麼事，跟媽媽說，就算她一開始不認同，最後也都會全力支持我。我很瞭解，今天我之所以能盡情的走自己的人生道路，也是因為家裡給了我高度的自由，

再加上我通常都很清楚知道自己要的是什麼，在這兩個條件之下，才能擁有屬於自己的人生，並且喜愛現在的自己。

投入教育這個領域這麼多年，偶爾我還會聽說有些家長就算小孩不喜歡，仍然逼著他們唸社會上「應該」是人人稱羨的科系，令我覺得十分遺憾。這些父母美其名是說為了孩子好，其實是為自己好，因為孩子走了自己覺得好走的路，會覺得安心、光榮、有面子，但卻沒有問孩子，他們心裡真正的感覺，想過什麼樣的人生。

有部很有名的印度電影「三個傻瓜」，就探討了這個議題：主角之一的Farhan，沒有辦法接受父親的期待，當個有前途的工程師。在朋友的鼓勵下，他終於鼓起勇氣說服父親讓他投入最熱愛的攝影工作。看到他父親原本痛苦、憤怒、有如青天霹靂般的表情，到最後經過百般掙扎，緩緩的說出：「兒子，專業的相機要多少錢？如果不夠的話，儘管跟我要⋯⋯」那個畫面真是讓我萬分感動！我看到的是，一個年輕的生命真正活了起來，活出了自己的人生，不是為了恐懼、不是為了金錢，而是為了那份發自內心，對於生命真正的熱愛。

規律的練琴幫助自己在學業上更上層樓

很多家長可能不免會擔心：「在高中繁重的課業壓力下，書都唸不完了，還可以讓孩子從事有興趣的課外活動嗎？」我以自己的經驗，很肯定的告訴大家，絕對可以！事實上，我更想說的是：「一定要盡量讓小孩子在唸書之餘，培養出其他的興趣，

人生絕對不應該只有唸書而已！」如果你還是擔心學習才藝會壓縮到唸書的時間，我可以更清楚的告訴各位：「不論對於國中還是高中的學生，唸書的時間根本不需要多到把生活都塞滿，一樣可以把書唸得很好，甚至達到名列前茅的水準！」

如果今天是一個從小就多才多藝，永遠都是第一名的優等生告訴你這樣的話，你當然會在心裡嘀咕：「我的小孩不是資優生，他可不見得那麼厲害。」但是像我這樣一個在高一的時候成績吊車尾、從小到大更沒得過幾個獎的普通小孩，一樣做到考上第一志願，又玩出自己的興趣，大家應該可以相信了吧！

更重要的是，我認為，就是因為在求學階段培養出了鋼琴的興趣，才讓我的課業唸得更加的順利！這是什麼道理呢？

🖊 音樂是唸書的調和劑和助力

在物理學上，我們知道橡皮筋向外拉後放手，它就會反彈回去，把能量釋放出來。但是，如果你一直拉著它而不放手，時間持續太久後，橡皮筋就會因為彈性疲乏而失去彈性，甚至再也無法正常使用了！

人體也是一樣的道理，人不是一個單調的機器，運轉得越久就一定會得到越多的產出。人是一個複雜的組織架構，身、心、靈都緊密互相調節、影響。人的生活作息、心理狀態，都會有週期性的起伏。一般人是不能夠強迫自己長時間維持在緊繃的狀態，更不能長時間坐著唸書而不活動，這樣反而會讓自己處於過度疲憊的身心狀態，造成唸書的效率降低。因此，若是能夠找

出自己的興趣，那它就是在辛苦的唸書階段最好的調和劑！

以前高一和高二的時候，我每天一回到家就一頭栽進五線譜和鋼琴旋律當中，直到吃完飯才開始唸書。唸一唸覺得煩了，就會再出來彈琴，甚至把一些激烈的曲子再飆個幾遍，頓時覺得暢快淋漓。就是這樣一緊、一放之間的轉換，讓我對於唸書始終抱持著高昂的鬥志。誰唸書唸得太久後不會覺得厭煩呢？如果有良好的宣洩管道，就等於是讓自己在學習之外得到充分休息，重新再出發！

除了我自己對於唸書和音樂相輔相成有著切身的感受外，隨著不斷成長，接觸過越來越多關於人類學習、腦部結構的研究書籍後，我也更加了解，當年自己一邊唸書一邊練琴，對於學習的幫助是有根據的！

關於腦部的研究，有一種普遍的說法，就是左腦掌管人的理性面，包括知識、判斷、思考等能力；而右腦掌管人的感性面，包括創造力、想像力、對美的感受等能力。唸書的時候要花很多力氣思考，用到了很多左腦；彈琴的時候可以盡情地沉浸在音樂之美，則是運用了右腦。一邊是理性、一邊是感性，這樣交替活動，等於左右腦都訓練到了！如此一來，不但能夠更充分開發腦袋的潛能，更能幫助自己達到不可思議的成就。不管你相不相信這樣的理論，但是對我來說，物理的思考訓練和音樂的感性陶冶，確實讓我對人生始終有一種清晰的輪廓，更讓我在面對人生感到無助和茫然的時候，擁有一種跟超越力量連結的直覺和能力，引導我繼續向前行。

PART 3

讀書高手
必練神功

身體和心理的最佳化

生活作息的精準調教

專治讀書不專心的計時唸書法

善用零碎時間，讓學習一天當兩天用

善用科技的手機超強學習法

多交比自己優秀的朋友

設定小目標，一步步達成

身體和心理的最佳化

最強悍的戰士，必須在身體和心理都達到巔峰狀態！

任何人想在任何領域表現傑出，都必須擁有最佳的身體和心理狀態，才能在艱困的競爭環境當中不斷前進，最終脫穎而出！

檢視自己的身心狀況，是最基本的成功要素。做為一個學生，要面對的是龐大的學習壓力，隨時保持身心的最佳狀態，更是不容忽視的功課。

你在唸書時是否容易疲倦，常常想睡覺？你在面對龐大的升學壓力時，是否容易因為恐懼、慌張、沮喪，而失去勇往直前的勇氣？你是否渴望獲得滿意的成績，但就是克服不了懶散、怠惰的惡習？

如果你有上述的徵狀，不要因此而覺得灰心，因為絕大多數的人都有相同的通病，我自己也是如此。只要是人，難免都有精神上和肉體上的軟弱，但是，只要透過正確的方法勤加練習，我相信任何人都能夠改善自己的弱點，在學業戰場上擁有堅強的體力和積極正面的心態。

✎讓身體擁有源源不絕的動能

以前在學校教書的時候，有個同事跟大家說，他的班上有個男同學上課的時候總是愁眉苦臉，一副有氣無力的樣子，但只要下課鐘一響，他就會生龍活虎地狂奔出教室。這樣的例子大家聽來或許覺得好笑，但我們不也是這樣嗎？做自己喜歡的活動就會活力百倍，充滿能量，如果做辛苦又討厭的事情，難免備感煩心，提不起勁來。

現在的學生為了應付龐大的升學壓力和數不清的考試，免不了要花很多時間，辛苦的學習。如果一直持續坐在書桌前唸書而不活動，久而久之，不但容易感到疲倦、厭煩，長時間單調的進行同一件事，也可能會僵化思考，降低唸書的效率。

如果你想在辛苦的升學壓力下，找到充沛的動能來支撐自己，就應該從事自己喜歡的活動，讓自己常常保持在活躍開朗的身心狀態，在活動的當下，充分舒展全身筋骨，掃除鬱悶的心情，會讓你在唸書的時候也擁有滿滿的活力！常見的活動像是籃球、排球、網球、游泳、田徑等等運動，甚至現在學生很流行的街舞，都是不錯的活動。

除了單純的活動之外，如果能夠加入運動隊伍，常常和隊友互相切磋鼓勵，甚至參加比賽，不但能夠增加榮譽感，更可以培養團隊精神和溝通技巧。尤其現在的升學制度越來越多樣化，不再只是單純靠著考試高分，就能在升學競爭中勝出。如果能夠透過參加比賽活動得獎為自己的履歷加分，不但養成了運動的好

習慣，更增加了升學的競爭力，不是一舉兩得嗎？

如果你不喜歡太過激烈的競爭的運動，也可以培養一些比較靜態的活動，例如散步、唱歌、演奏樂器等等，培養活動並不見得都要是激烈的運動，事實上，只要能讓自己舒展筋骨、改變心情，都是一項好的活動。

我自己在高中的時候，除了透過彈鋼琴來抒緩唸書時的緊繃心情，也很喜歡溜冰，常常在放學後跟社區裡面幾個大小朋友一起溜冰、或是打曲棍球，那是一段令人懷念的時光！

有些父母會擔心，處於國中高中這樣高度競爭的階段，如果從事課外活動，不會壓縮到唸書的時間，造成成績退步嗎？其實，只要徹底落實本書所分享的方法，提升自己唸書的效率和專注力，把書唸好和參加活動一定可以同時進行，絕對不會有時間不夠分配的問題。

培養出積極正面的心態

很少人知道，每一個人的心裡面，其實都住著一個小聲音。這個小聲音，會在我們不注意的時候，偷偷地牽引著我們，朝著它想要的地方前去。如果它想要把你帶向成功，你就會漸漸走向成功；如果它想要把你帶向失敗，你也無法抗拒，終有一天會走向失敗。

什麼是「小聲音」呢？請你想一想，你有沒有過以下這些經驗呢：

◎你明明就很希望，能夠考到一流的高中、大學，但是你心裡的「小聲音」卻悄悄的告訴你：「不可能！」然後你就放棄了。

◎你十分期待能夠跟隔壁班的同學做朋友，但是你心裡的「小聲音」告訴你：「他不會理你的。」然後你就退縮了。

◎當你失敗了，覺得很不甘心，但此時你心裡的「小聲音」告訴你：「你本來就太笨了，你不會成功的！」於是你就接受這樣的暗示，不再掙扎努力了。

◎你明明就有很多想做的事，想要變得更快樂，不希望一直無法過自己真正想要的人生，但心裡總有個聲音告訴你「這樣太累了」、「你不可能的」、「放棄不切實際的幻想吧」……

🖊 成功或失敗的重要分水嶺

這個藏在我們內心的小聲音，是影響我們一生發展的重要因素。你對人生的態度是什麼？你覺得生活的意義是什麼？你又是怎麼看待挫折的？這些心態將是決定你人生未來是成功或失敗的重要分水嶺。

所以，如果你能夠控制這個小聲音，改變它發出的訊息，讓它的方向與你人生的方向完全一致時，你就會能由內而外的改變自己，爆發出驚人的力量，和前所未有的勇氣，帶領你披荊斬棘，邁向人生的高峰。

想要控制這個小聲音，讓它傳遞出正確的訊息，首先你一

定要先知道，究竟什麼才是正確的訊息，究竟哪些才是真正能夠幫助你的想法。因為小聲音，其實就是反應你潛意識裡，對所有事物的認知。這些認知的來源，多半是根植於你從前的經驗，和受過的教育。

所以除非你知道什麼是好的「養分」，並且用這些來灌溉你內在的心靈，否則它就無法改變過去的面貌。那麼，要去哪裡找好的養分呢？其實很多地方，都有能提供你改變內心小聲音的材料。例如本書所有的內容，都是曾經對我相當有用的觀念和想法，只要你時常閱讀它們，久而久之，這些正面的訊息就會取代你原本內心的想法，進而漸漸改變你心裡深處的小聲音，讓它傳遞出有助於你的訊息。

遭遇的事件	負面的小聲音	正面的小聲音
遇到一件想做又不容易的事情	很可能會失敗，還是算了。	只要去試了就有成功的可能！
做一件事卻失敗	都是別人害我的！	我要找出失敗的原因！
考試考差了	我是笨蛋，沒希望了……	找出考差的原因，就可以讓我下次更有機會考好，真棒！
討厭父母管教你的態度	乾脆故意不唸書來氣死父母！	父母只是不知道該如何合適的表達，但我還是要認真，畢竟是我自己的人生啊！
對於未來的規劃	不知道、不知道……	我有很多夢想，好期待能一一去完成。
受到否定和打擊	本來就很怕，從此更加膽怯。	我要更努力，來證明你們是錯的。

📝 認真地看待你的心靈

以上兩種能幫助你的正面小聲音和能夠摧毀你的負面小聲音，你可以比較一下有何差別，想像一下用這兩種聲音跟自己的內心對話後，你的感覺是什麼。很快的，你就會知道正面的小聲音對一個人來說有多麼重要了！

當然，除了本書之外，一些關於自我成長、邁向成功的勵志文章或書籍，只要你覺得有用，它們都會成為滋養心靈的養分，經常反覆的閱讀，讓這些成功者的想法進入你的內心深處，將可以潛移默化的改變你內心的小聲音。

如果你覺得在接觸這些正面想法和觀念的時候，總是有一種沒辦法真正的相信，讓這些訊息進入你內心深處的感覺。你不妨試著練習在睡覺之前閱讀這些勵志書刊，讓這些正面訊息在你昏昏沉沉的時候，直接進入你的潛意識。人在睡眠狀態時，主觀的意識將會關閉，若能在此時給予它正確的訊息，它就更容易落入你內心的土壤裡，漸漸發芽茁壯，成為你內心深處越來越強大的信念。我自己就是這樣試驗過，而真的覺得明顯有效，大家一定要試試看！

總之，想要取得成功，一定要認真地看待你的心靈，因為一個人一生的所作所為，都是從內心深處的意念出發的。而且我要告訴你的是，關於成功與失敗這方面的想法，沒有一個在你的腦袋中是不用付出代價的，它不是將你推向成功，就是將你推向失敗。

務必確保你的心靈具有將你導向正面人生的特質，否則就要改變它、塑造它。如果不這麼做，那麼你的心靈將會反過來支配你的人生，讓你永遠被綁在無形的枷鎖裡，不敢真正的活出心底最想要的那個自己。

生活作息的精準調教

規劃自己完美的每一天，火力全開！

　　這世界上最公平的事情之一，就是每個人每一天都一樣擁有二十四個小時，不多也不少。想要成為讀書高手，一定要有能力將這些時間做最有效率的運用，如此才能充分發揮每一分每一秒的價值，將自己更加推向成功。我們現在就來看看，一個真正的讀書高手，充分完善的運用每一天，應該是什麼樣子：

　　從早上一張開眼睛開始，讀書高手就與一般人有著不一樣的表現。由於他們一向重視睡眠品質，所以一早起床就精神百倍，充滿活力，不像很多人早上賴著床不肯離開被窩，而且心不甘情不願的做每一件事。

✏️讀書高手的一日

　　讀書高手了解營養對於學習的重要性，一定會讓自己吃頓豐盛的早餐，甚至會按時吃些品質良好的維他命，魚肝油、DHA等等補給品，以補充一般食物中不易完整攝取的營養素。

出門之後，讀書高手懂得充分運用通勤的時間來學習，例如等公車的時候就背單字、背課文，坐公車的時候就聽mp3來學習國文、英文等等可以錄製成聲音檔的內容，不論站著或坐著都可以學習。

到學校之後，上課的時間就把握時間專心聽課，尤其是教得好的老師，一定要把握時間吸收老師授課的內容，因為讀書高手知道，在課堂上一次就聽懂，遠比回家再慢慢摸索要來得有效率多了！就算是老師教得不好實在聽不下去，也懂得趕快把之後要考的東西拿出來練習，不會浪費上課時間。

放學後，讀書高手會花一些時間做些打籃球、跑步等等的運動，讓身體更健康，唸書的時候也更神清氣爽。他也會常常抽空逛逛書店，吸收一些課外的知識，以刺激自己的思考，打開不同的視野。他知道，學校教的只是人生一小部分的知識，一定要想辦法拓展自己的眼界，才不會侷限在課本的知識裡，而忽略了這世界上還有許多有趣的事物值得追尋。

晚上睡覺前，讀書高手對於今天過了充實又精采的一天，感到滿足而愉快，他知道自己正往正確的人生道路邁進，不但知識、能力一天天迅速成長，大幅超越其他的同學，更為了能夠體會充實快樂的人生而充滿感恩。

✐你浪費了多少時間？

最後，大家可以參考以下的表格，看看善用時間與浪費時間的人，有多麼大的差別！有些人看到這個表格會覺得：「天

啊,幹嘛這麼累啊?」說實話,如果你真的找到了自己唸書的動力,哪裡有累的問題?而且,其實你不用真的每天都這麼拚命,只要你能夠有一半以上的時間做得到,那學業的表現肯定會突飛猛進了!

時間狀態	善用時間	浪費時間
鬧鐘響了	準時起床	一直賴床 一直發呆
等公車 坐公車 走路	背課文單字 思考問題	東張西望 睡覺
想聽的課	專心聽講 保持思考	當作在看戲 沒有真正吸收
不想聽的課	安靜複習自己的東西	講話 睡覺
動態活動	背3個單字再下課	直接玩瘋
等公車	背課文單字	東張西望 發呆
晚上睡覺前	挑一些內容複習 後入睡	熬夜玩電動、看電視 影響第二天作息

專治讀書不專心的計時唸書法

有限時間的氣氛下，才會激發出極高的學習效率。

　　很多有心向學的學生，常苦於唸書的時候無法專心，導致學習效率很差。接下來，我教大家一個有效增進學習專注力的好方法──「計時唸書法」。

　　我們人生當中總有一些時間是非常認真而專注的，如果我們能夠找出讓自己專注的原因，並且複製到唸書上，就能有效的改善唸書不專心的問題。所以，請大家回溯一下過往的記憶，有沒有什麼時候，是你最專心、心無旁騖的時候？而那個時候又是處在什麼樣的環境下呢？我自己就有一個印象很深刻的例子。

限時競爭有效的發揮出了不可思議的潛能

　　記得小學二年級的時候，老師舉辦了一場造句比賽，看誰能在一定的時間內寫出最多的造句。我那時候書唸得不怎麼樣，但是寫字的速度很快（雖然很醜），所以拚了命想在這場比賽中拿到好名次，為自己爭取榮譽感。於是比賽一開始，我就拚命

想、拚命寫，結果比賽結束後，老師唸到我的造句數目時，全班都「哇」一聲的叫了起來！因為我在短短的十幾分鐘內，居然寫出了六十幾個句子（最神奇的是我到今天都還記得這些句子），在這個比賽中，我真的拿到第一名了！

　　這次的經驗也讓小學二年級的我第一次知道，原來我真的有比別人優秀的地方。這已是二十多年前的事情，我現在還能感受到比賽時緊張的氣氛，可見當時的我有多麼專注在這件事上。因此，當我日後煩惱於無法專心唸書時，就會想起這個造句比賽的經驗，並且善用讓學習更加專注的法寶——「計時唸書法」。

用計時唸書法塑造緊張氣氛

　　「計時唸書法」很簡單，就是用手錶（最好是電子錶）或其他計時工具，來規範自己在一段時間內唸完特定的教材，以逼迫自己以最快的速率唸書。使用這個方法，時間不要設得太長，五分鐘～十五分鐘是一段差不多的時間，視情況而定，才不會因為時間太長而太過疲倦，開始不專心。

　　為了達到確實執行的效果，你還可以訂下驗收成果的方法，要求自己在時間內完成。例如，當你自己一個人使用這個方法唸書的時候，可以假裝自己正在參加某種比賽，如果時間到了無法清楚有條理的講出大綱，就會遭到淘汰。

　　如果有朋友和你一起唸書的話更好，可以約定唸完後，彼此互相考三題，誰輸了就請喝飲料，當然，不要找唸書效率太好的朋友（就像我高中那位劉同學），以免打擊自己的士氣，造成

反效果。

　　其實做任何的事情，有時間的限定都是好事。因為人都有惰性，若不規範一個完成的時間，執行時多半都會拖拖拉拉、慢吞吞地進行，這是很正常的現象。如果將某件打算完成的事情預先設定時間表，就能有效的解決效率不彰的問題。大家不妨把這樣的方法運用到各個層面，會發現它真的很好用！

善用零碎時間，
讓學習一天當兩天用

讓你三年比別人多1000小時溫書假的超實用技巧！

以下請根據直覺作答：你認為一個人一輩子能夠活幾天？

（A）1萬～3萬天

（B）5萬～10萬天

（C）20萬～50萬天

（D）50萬～100萬天

答案是（A），你猜對了嗎？

舉例來說，以七十歲的年紀來算的話，一輩子不過25550天。每次我想到這個答案，都覺得人生好短暫，很快就走到了盡頭。所以，除非你對未來沒有任何規劃，要不然善用時間把一件事情做好，真的是非常重要的事。

✏️善用零碎時間差很多

在當家教的時候，我經常跟學生討論唸書的方法，希望都

能夠幫助他們有效地解決課業上的難題。以前高中剛入學的時候，我的成績爛到爆，但很幸運的，我因緣際會地學到了許多很好的學習觀念，這些觀念對我有很大的幫助，提升了我的學習效果。其中，零碎時間的善用，就是最實用的觀念之一。

想得到好成績，絕不是努力就夠了，學習的觀念和技巧也很重要，如果你仔細觀察班上的同學，就會發現每個人學習的方式都不一樣，成果也差很多！例如，你發現有些人明明沒什麼在唸書，但就是一直考得不錯；有一些人每天都埋在書堆裡，課本也是抄得密密麻麻，看起來好像很用功，但是成績就是一直不怎麼樣。

學習是不能一步登天的，但是絕對有更好的方法，就看有沒有人能告訴你這些「招數」，如果你每天的學習都在原地踏步，一點也沒驚覺到自己已落後別人許多，國中三年過去，高中三年再過去，你將會錯過許多無法想像的學習機會。

✎三年浪費四十五天？

零碎時間有多重要，算一算就知道，請想想，你一天花在發呆、等公車、打簡訊、講電話、參加無意義的約會等等……這些對學習沒有幫助的事情上多少時間？

通常我這樣一問，都會得到滿可觀的答案。對於國、高中生來說，一般會得到一天一～三小時的答案。

假設保守估計你一天浪費了一個小時的「無意義時間」，那麼，從你國中一年級到三年級畢業，你總共浪費了1095個小

時（365天 ×3小時），也就是整整四十五天！

　　如果你想要考上好的學校，看到這裡，應該會覺得心裡一驚吧？每天的零碎時間湊一湊，三年下來竟然會有四十多天。換個角度想，如果你善於把握每天的零碎時間，等於就比別人多了四十多天的溫書假，這些時間對正準備高中或大學考試的你來說，是多麼的寶貴而奢侈啊！

　　所以，請記得你每天浪費掉多少無意義零碎時間，趕快把它們抓回來，每天抓回來的一小時零碎時間，會在三年後幫你倍增出可觀的時間，幫助你唸非常多的書，背非常多的單字，在考場上進步非常多的名次，將來擠進更好更理想的學校。

　　這還只是我們估算一天有一小時的零碎時間，但我知道，正在看本書的你，一定可以擠出更多一天之中浪費掉的時間。

　　善用零碎時間就好像是一個隱形的魔法，能在無形中幫助你大大擴充自己的人生，以前我在唸書的時候，接觸到這樣的觀念後，馬上二話不說，每天努力實行，尤其我最喜歡在等公車和坐公車的時間，趕快把要背要考的東西拿出來唸。

🖊 通勤時間是好用的學習機會

　　唸高中時，學校離家裡很遠，每天得花大約兩小時的通勤時間，因此，我從等公車開始，就馬上拿出課本背書、背單字，或者仔細思考一個數學、物理題目（看起來很像在發呆），常常到了下車時，一段課文就已經背好了！或者一題數理題目的解答已經在腦海中成形。

一天下來就可以複習很多單字、課文、地理歷史名詞、公式等等，如果你每天都這樣把握時間學習，會進步到哪種不可思議的程度呢？一想到就令人興奮吧！既然每天通勤的時間這麼好用，不好好利用豈不是太可惜了！

　　上下學途中，搭公車、搭捷運、走路等等這些通勤的時候，很多人不喜歡或是不方便唸書，那該怎麼辦呢？沒關係，下一節的「手機超強學習法」，教你連書本都不用看，直接用耳朵學習的方法。

善用科技的
手機超強學習法

用聽的方式學習，不浪費任何一秒！

　　有些人的學習是視覺型，天生就對看到的東西比較敏感；有些人則是聽覺型，天生就對聽到的聲音比較敏感。如果你對整天花時間看書感到麻木和厭煩，或者想要把握通勤的時間學習，卻又覺得在車上看書很不舒服，甚至，連走路的時間你也不想多浪費一分鐘，在此，我可以教大家一個完全用「聽」的學習方法──「超強手機學習方法」。

　　現在的手機功能都非常的齊全，既能上網，播放mp3，也能隨時錄音。這麼方便的功能，如果不懂得善加利用，那真的是太浪費了！以前在學校教書的時候，很多學生的手機一拿出來，都比我的還先進、還輕薄。不過，看到大部分的學生只把手機當作聊天、玩電動的工具，還真是可惜。

　　如何把手機當做學習的工具呢？其實很簡單，你可以善用手機的錄音功能，把某些合適的學習內容錄進去，在通勤、走路的時候聆聽學習，一點也不浪費半點時間！如果老師要你背書，

你就把課文錄進手機；如果要背單字，就把單字的唸法和拼法全部錄進去：如果有數學公式要背，你更可以把公式錄進手機，輕鬆的背起來。

有些人難以想像公式要怎麼聽？舉例來說，如果你要背高中數學的海龍公式，你可以把自己當作是DJ在做節目，用輕鬆的口吻跟大家介紹這個公式，例如放點自己喜歡的背景音樂，然後開始錄音：

「現在，我來跟大家介紹海龍公式，大家可以想像眼前有個任意的三角形，邊長分別是a、b、c。如果我們先定義s為二分之一的括號a加b加c，然後呢，一個三角形的面積，就會等於根號的s乘以括號s減a、乘以括號s減b、乘以括號s減c。所以，海龍公式最特別的地方就在於，只要你知道一個三角形三個邊長，就可以算出它的面積了！」

像這樣一段約三十秒的錄音檔，你在坐公車時就可以閉起眼睛專心聽，聽的時候腦海中還可以同步想像這些式子漸漸出現的樣子，無形之中，海龍公式就會不知不覺地背熟了！

$$s = \frac{1}{2}(a + b + c) \qquad \triangle = \sqrt{s(s-a)(s-b)(s-c)}$$

✍不凡的成就需要不凡的努力

你也可以把五個難背的公式，一起錄成一段三分鐘的檔案，在公車上循環播放，同時在腦海中默想這些數學公式，幾趟公車坐下來，你也聽了近百次，想記不起來都很難吧！

你看，學習可以有很多種吧！誰說書只能唸的，它還能用聽、用想的，不用張開眼睛照樣可以有效的學習。

有些人對於學習需要做到這麼樣的程度感到難以置信，但是我告訴大家，想要擁有不凡的成就，本來就應該有不凡的努力。如果你能夠做到一般人做不到的用功程度，更應該感到驕傲和得意，因為勝利很可能就是會降臨到你的身上。

每一個人雖然資質不同、能力不同，但都擁有選擇如何改變自己的權力，人生的成長就是在這一點一滴的努力中堆積起來的。現在就開始善用你身邊所有的資源，把握時間，充分學習吧！

多交比自己優秀的朋友

益友三年變強人，損友三年變廢人！

在台北市的某一間明星高中裡，流傳著一句話：「這裡有著一流的學生、二流的師資、三流的設備、四流的行政。」這句話或許不是每個人都認同，但是卻講到了一個重點：「一流的學校之所以如此優秀，最大的價值就在於聚集了一批優秀的學生。」

如果你身邊都聚集著聰明、上進、品格端正的人，你漸漸地就會跟他們一樣；反之，如果你總是跟著一群只想著玩樂卻不努力、人品個性不佳的人在一起，你的人生一定也會漸漸走下坡。你的朋友群就是一個大染缸，將會把你染成同樣的顏色。

🖊️優秀的朋友可以輕易幫你做到

很多人問我，「高老師，你為什麼能做那麼多事？感覺一般人都做不到這些呢！」事實上，我今天除了教學和演奏，還能夠四處演講又寫書的原因，是因為我有幾位既會演講、又會寫書

的優秀好友！

我們這些好友碰面的時候，往往就是去參加彼此的演講，或是一起去拜訪出版社，討論寫書的問題。以前我還缺乏演講經驗的時候，有時候陪朋友去參加他的演講，他可能講到一半，就臨時叫我上去介紹自己，訓練我的演說能力。他也常常鼓勵我像他一樣，想些主題來寫書，久而久之，我早就潛移默化，感覺自己也能夠做到這些事了！

而我能有在全台校園巡迴演講的機會，則是來自於某一天，我的某位朋友得知青輔會在招募校園演講老師，立刻通知我，叫我把履歷資料寄給青輔會。就是這麼簡單的原因，我展開了校園演講之路！想想看，如果不是因為優秀朋友的幫忙，我怎麼會擁有這麼多成長和改變的機會呢？

有的人可能會說：「你有優秀的朋友，我又沒有！」各位親愛的朋友，「人本來就不會生下來就什麼都有，也不要妄想別人有義務把你想要的東西都送到你面前來，只要是你想要的東西，都應該主動積極的去爭取。」這些朋友我本來都並不認識，主要是靠我自己主動去結交得來的。

🖋 「搭訕教主」被我搭訕

例如其中有一位鄭匡宇博士，話說當他剛出道成為作家的時候，寫的是兩性類的書籍，自封為「搭訕教主」，教人怎麼主動搭訕認識異性。由於他的書籍實在是太特別、太有趣了，所以我很快就對他有印象。

有一天，我在忠孝復興捷運站看到他，就想說這麼有趣又積極的人，實在應該要想辦法去認識他一下。既然他教大家要主動搭訕認識朋友，我就把他那幾招用在他身上試試！

如果他真的不理我，我就跟大家說，原來「搭訕教主」自己都不給搭！後來我就真的過去跟他攀談，他也很熱情地回應我，我們在捷運上聊了好一陣子，他也跟我分享了更多有趣的事情。

當然，人家好歹已經是有點成就的人了，如果想跟他多多互動，自己也不能不知長進吧！所以我持續在自己熱愛的事情上努力，包括創作音樂、發展教育事業等等。只要有機會，我就主動參加他的新書發表會，或者找他吃飯，聊聊彼此在工作上的進展，漸漸的，我們就越來越熟絡了。

各位同學，你在學校裡遇到的同學，或是在其他地方接觸到的人，一定也有十分優秀而值得結交的朋友。如果他的功課很好，那他能夠教你怎麼唸書，為你解決課業上的困難；如果他不愛唸書，但是個性開朗，也能成為你的開心果，讓你擁有樂觀的力量。多多接觸這些益友，藉由他們的積極認真的態度，可以改變你原來消極的想法和作為，在無形之中讓自己變得越來越好，越來越進步成長。

很多優秀的學生都告訴我：「我的同學都很努力，所以我也不敢鬆懈，或許就是這樣，才能有今天的成績吧！」所以，你真心想要過一個卓越的人生嗎？別再孤軍奮戰了，快主動去多多結交一些優秀的朋友吧！

✏️避開不對的朋友

我們身邊遇到的人難免什麼樣都有，除非你已經足夠成熟，能夠確實掌握自己的所言所行所想，否則有些朋友應該要避開，以免沾染到不好的習慣，連帶拖垮自己想努力向上的決心。

不相信嗎？那我問問你，如果你的朋友都是約會遲到半小時以上的人，久而久之，你難道不會養成不守時的習慣嗎？如果你的朋友都是上課愛嗆老師的人，你難道不會跟著有樣學樣？再來，如果你的朋友是那種看別人不順眼就對人拳打腳踢的人，你難道不會也開始跟著覺得，「老子心情不爽就可以揍人洩憤」嗎？而你唯一沒有感覺到的，就是你已經漸漸的染上惡習，越來越向下沉淪了。如果你不容易受到朋友影響，那麼恭喜你，你是個有獨立思想和自主意識的人；如果你容易被朋友左右的話，那就要更小心地選擇朋友，跟 些不對的人保持距離。像是有以下負面特質的人，都應該要盡量保持距離：

◎整天跟你分享消極又悲觀的想法，例如：「不要想考上好大學，那很難啦，不可能啦！」

◎人格不佳，整天喜歡酸別人、否定別人、嘲笑別人、挖苦別人。

◎答應你的事情不會做到，沒有責任感。

◎缺乏管理自己情緒的能力，動不動就發脾氣，把朋友

當成出氣筒，以為天下再大都沒有他的脾氣偉大。

◎借東西、借錢不懂得準時歸還，還覺得沒有什麼。

◎懶惰又不上進，當你想要努力時總是否定你，企圖把你拉到跟他一樣的層次。

有些人可能會覺得，是朋友就應該要兩肋插刀、生死相隨，怎麼可以這麼現實，因為他不好就遠離他！我可以告訴你，如果你真的有義氣的話，就應該要先把自己變得更好，然後再幫助你的朋友，讓他也變好，與你一起走在正確的人生道路上，而不是跟著他一起墮落。千萬不要等到哪一天，才開始後悔錯過太多成長學習的機會。

現在的社會觀念已不像從前那麼保守，很多學生在高中求學階段就會結交男女朋友，此時也應該要保持同樣的「交友原則」。兩人的交往應該是要讓彼此的人生更為美好，而不是更痛苦。所以，如果你認為對方不是個合適的人，不妨以理性和平的方式，漸漸的停止這段關係。

設定小目標，一步步達成

就像爬樓梯，每次費一點小力，就會累積龐大成果。

分享了這麼多可以幫助同學有效提升課業成績的方法，不知道你有什麼感覺？如果你感到躍躍欲試，決定立刻展開行動，那麼恭喜你，你是屬於積極行動的人，這種人成功的機會也是最高的。

但是，相信也有一部分同學會覺得這些都是老生常談，甚至可能會覺得，雖然同意這些方法，也知道應該這樣做，但就是沒有信心，並且認為自己根本不可能做到。

親愛的同學，我完全能夠體會你的感覺，在我求學的路上，甚至是畢業後追求夢想的歷程中，也曾經歷過太多次欲振乏力的瓶頸，以及失去信心、自我否定的感覺。雖然我很清楚的知道自己的目標在哪裡，但距離太過遙遠，讓我不只一百次、一千次的問自己：我真的做得到嗎？經過了長久的努力，獲得一些成果之後，我終於發現，這種「不會成功」的負面感覺，都是我們的內心所塑造出來的「假設情境」，它絕對不能代表真正存在的

事實。當這種感覺不斷地湧現，我們仍然可以告訴自己：「如果別人用了被驗證是成功的方法唸書，而得到了好的成績，那我為什麼不跟著照做呢？」請記得，想要成功，就去跟已經成功的人學習。如果對於未來，只是停留在作夢和觀望的階段而沒有實際付諸行動，是永遠也不會實現目標的。

「做一件對的事，然後持之以恆，最後終究會達到成功。」想要在任何事上達成目標，這絕對是牢不可破的定律！

或許，你很想達到心中理想的目標，就是沒有信心，害怕失敗，因而退縮在自己內心的小世界裡。到底該怎麼解決這種「夢想太過遙遠」的無力感呢？你可以試著不要把目標一下子定得太高，例如每次段考平均成績都不及格，卻一下子定出「我要考上建中」這樣不切實際的目標，確實是很難做到的。

比較好的做法是，你可以將遠大的目標具體切割成更小的步驟，讓每個步驟都是合理可執行的，這樣就會讓你覺得有信心得多。例如，你最終的目標是考上建中，但是這週先養成每天回家唸書一小時的習慣，下一週則善用本書的「零碎時間唸書法」，擠出更多的唸書時間。到了下個月，試著讓每週的小考平均都能超過60分。再隔一個月，把每週的小考成績平均拉到70分左右⋯⋯ 長久下來，一定會看到不錯的效果。

PART **4**

各科分數飆升秘訣

理科類是理解與練習並重

文科類要能掌握整個輪廓脈絡才不會越唸越模糊

數學科一定要找到自己聽得懂的老師

理化科最好比學校更早先修先修

培養對物理的直覺，解題如有神助！

化學科多用記憶口訣，才能省時省力！

學語言不應死記文法，語感的培養才是正確的方向！

理科類

理解與練習並重的科目。

　　數理科，主要是數學、物理、化學、理化等科目。文史科，主要是國文、英文、地理、歷史等科目，這兩種類別的學科，在唸書方式上有頗多相異之處，我將一一傳授給大家。

　　教書這麼多年下來，我深深覺察到數理科對於大部分的學生來說，是一門艱澀難懂的學科。小學的時候，數理的課程或許還不會太困難，可是一踏進國中，難度就立刻直線上升，不適應的人很容易就開始對於這些科目心生畏懼，遭受挫折，可能要到大學之後，才能真正脫離這些科目揮之不去的夢魘。

　　數理科目學習的目的，是為了要引發學生對於自然科學的興趣和熱忱，並且培養邏輯思考和推理能力。大部分的人其實都對這個世界抱有好奇心，也喜歡猜謎、推理等等遊戲，例如著名的偵探推理小說《福爾摩斯》，風靡世界超過一百年，電影公司還推出了電影！誰說科學只會讓人感到討厭和畏懼呢？它本來應該是令人感到振奮和有趣的，可惜，在目前的教育模式下，數理

課程不但內容又難又雜，而且通常還十分的無趣，也難怪許多學生會討厭。

　　雖然數理科這麼可怕，但還是有少部分的學生，能夠輕鬆自如的應付這些科目，這也是事實。但我要提醒大家，這些人並不代表多數的情況，他們可能是真的很有天分，也可能是有特殊的環境培養出數理能力，例如父母是數理老師等等。如果你不屬於這些特殊條件的學生，請你還是在國一、高一時就好好的學習這些科目，等到國三、高三時再來補救，肯定是來不及。

　　數理科目的分數確實不容易掌握，但是經過這麼多年的教學經驗，我也深深的相信，只要學生願意耐心學習，並且遇到好的老師善加引導，在數理科目取得高分仍然是十分有可能的！

　　我先假設，你已經有學習數理科的經驗，可是一直沒有辦法得到令人滿意的成績。接下來請想想，你是否有以下的情況：

　　◎我算用功了，可是數理科成績卻很糟。

　　◎我的文科都不錯，唯獨數理科成績老是慘不忍睹……

　　◎我上課不覺得聽不懂，可是一到考試，腦袋就一片空白。

　　◎每次考試時間都覺得不夠用，然後越急就越寫不出答案來，怎麼有人可以寫得那麼快？

　　◎我們班沒人聽得懂老師在講什麼，大家上課時都很無

聊⋯⋯

◎我根本沒在唸書，學校的課有夠無聊，考試都亂寫一通啦！

倘若你有以上這些問題，如果不是老師教得太糟，那麼肯定就是你在數理科的學習方法上出了大問題！大家都知道，任何科目都是需要經過正確學習才能漸漸掌握到重點。那麼，究竟數理科需要哪些學習方式呢？

🖊 數理科需要理解和思考

數理科目跟其他文科科目不同的地方，在於它需要大量運用邏輯概念、空間概念、時間概念，甚至也需要藉著對自然界的體驗和觀察，才能順利掌握學習重點。而一般文科科目的學習，較多是運用到「記憶力」，兩者所需要的學習方法，有很大的差異。

我遇過很多學生，他們花了很多努力，可是數理科總是唸不起來，主要就是他們用學習文科的方式去學習數理，譬如下面這些例子：

1.上數理課時聽老師說唱逗笑都聽得懂，也記得老師講課的內容，但是下課後沒有練習題目，就以為自己可以應付考試了。

2.平時唸數理科的方式就像在唸文科一樣，拿著數理課本或參考書，每一題都「看」得懂，而不是親手計算每一題。

3.願意親手算題目，但很怕或懶得去思考問題，就硬記什麼題型套什麼公式，也不管為什麼，上了考場答對就算賺到，答錯了很無奈，但也不能怎樣！

4.數理成績一直很爛，雖然偶爾想發憤圖強，可是嘗試了幾次後，發現之前打的基礎不夠，已經挽回不了成績低落的事實，只能抱持著得過且過的心情，潛意識裡也一直逃避去想這個問題，因為擔心也不能改變什麼啊！

看完上面的例子，對於數理科目備感挫折的同學，想必心有戚戚焉吧！既然我們已經知道了這些錯誤的學習方法，接下來就來聊聊如何使用正確的方法，漸漸有效的改善數理成績，變成數理高手。這包含兩個層面，一是找到合適的老師，二是採用正確的學習方式。

合適的老師才能有效幫助你理解

你一定常聽別人說，學好數理科目一定要靠理解。但問題是，要怎麼理解呢？為什麼有些人能理解的課程內容，偏偏我就無法理解呢？

我認為，要增加自己的理解能力，一位適合的老師絕對扮演了關鍵性的角色。好的老師能夠用清楚、正確、有條有理的方式傳達繁雜的知識，深入淺出的帶領學生領略數理科的內涵精神，並一步步訓練學生擁有扎實的觀念和運算能力。而「不適合」的老師，可能連自己都沒有充分搞懂課程內容，或是空有一

身好本領，卻不知道該如何教給學生。當然也有可能，某位老師大家都說教得不錯，但你就是無法理解他的上課內容！這樣也並不算是適合的老師。

所以說穿了，正確的老師就是他講的課要讓你聽得懂，能夠幫助你解決課業上的疑問，這是學好數理科最重要的第一步。

如果你發現目前的老師並不適合自己，該怎麼辦才好呢？其實也不用太緊張，還是有很多方法可以找到好老師。譬如說，一本寫得好又看得懂的參考書、成績不錯的同學、別班的老師、學長姊、數理不錯的鄰居親戚等等，只要你有積極主動的學習態度，我相信大多數人都會樂意幫助你的。我在唸書時也不是只問自己班上的老師，一樣會去問隔壁班優秀的老師。

如果你確認老師的部分沒問題，那麼，問題就剩下你自己了，請你把本文中所有提到的數理錯誤學習方式，全部‧都‧改‧掉！通常一段時日後，你就能漸漸看到自己的進步。我有很多學生，數理成績原本慘不忍睹，我除了盡力讓他們在每次上課都一定要更懂一些東西之外，也會規定相當份量的題目逼他們去想、去思考、去練習，一段時間後，成績往往能夠從不及格，進步到70、80分以上的水準。有些學生看待學習更認真，願意接受我更多的訓練，因而在數理科方面達到頂尖的水準，這其中也不乏女同學。

唸好數理科重點提示

閱讀到此，希望同學能有一些「發現」，發現原來真的有

些不一樣的唸書方法，是自己之前忽略的，才會讓你的數理科成績一直都很低迷，如果你已經能發現比較可行的方法，接下來，去做就對了！我把本節討論的內容，整理成以下幾個要點，同學可以常常拿來提醒自己，在學校的時間是很短暫的，時間務必要用在刀口上啊！

（1）確認老師能讓你聽得懂，也能解決你的困惑，否則趕快找位適合自己的老師。

（2）上課聽完老師講解後，親手做做看相關單元的練習，不要看答案，練習靠自己的力量找出解答。

（3）平時唸數理科的方式不能像在唸文科一樣，必須把答案蓋住，自己親手算、動腦想每一題，就算真的不會跑去看答案，也要將答案看懂，確認下次可以靠自己算出答案來。

（4）常常去思考「為什麼」，譬如公式為什麼是這樣？書本上教的東西有什麼不合理的地方？偶爾與老師天南地北地討論一些奇怪的問題，也沒什麼不好。

（5）當你發現自己本來不會的問題一題一題慢慢都懂了，這就是好現象，不斷持續下去，你的成績終究有一天會讓你感到滿意的。

豁然開朗有時候是需要時間的

理科的東西，有時候即使老師教得認真，自己也努力學習，但第一次聽的時候，往往一頭霧水，不知道在說什麼。這

時，不要太緊張，可以試著多給自己一點時間去消化。

　　有一種學習理論，說明人類往往是「冬天學會游泳、夏天學會滑雪」。乍聽之下會以為提出的人弄錯時間了，哪有人在寒冷的冬天學游泳的道理？原來它真正的意思是，很多人在夏天的時候學游泳，一直學不會，可是隔年夏天再次跳進水裡，突然之間就輕鬆的游了起來。這是怎麼一回事呢？

　　原來，冬天的時候，是潛意識在幫助我們學習游泳。雖然冬天時沒有繼續練習，但是那些夏天學習的記憶和動作都已經深植在腦海中，不知不覺中，潛意識就會自己組織起來。

潛意識的神奇力量

　　如果你懷疑潛意識可以幫助學習，我還可以告訴你一些科學上的事例：

　　苯，是一個含有6個碳原子(C)和6個氫原子(H)的分子。化學家從前也很早就知道這件事情，但是從化學鍵結的理論來看，碳原子跟其他原子必須以四個鍵來結合在一起，而氫原子跟其他原子則是以一個鍵來結合。如果按照這樣的道理來想的話，6個碳原子應該和14個氫原子結合才對，那麼，究竟苯分子是如何把6個碳原子和6個氫原子，完美的結合在一起呢？這個問題可把當時的化學家也難倒了！

苯環分子圖

有一天，一位德國化學家凱庫勒（Friedrich August Kekulé von Stradonitz，1829－1896），在睡夢中不小心夢見碳原子組成的長鏈狀結構，居然像蛇一樣的蜷曲了起來，並且像蛇嘴咬住自己尾巴一般，形成出一個環狀的結構，當他在夢中看到這幅景象後，立刻給了他靈感，讓他驚訝得發覺到，原來只要把苯分子，想成是碳原子環狀頭尾相接的結構，一切困難就完全合理了！於是在1865年，凱庫勒就提出了苯的環狀結構，解決了這個難題。

還有一個類似的故事：

德國出生的生理學家奧托‧洛伊（Otto Loewi，1873-1961），在研究神經傳導理論時，遇到了困難，遲遲一直無法找到答案。直到有一天晚上在睡夢中，他夢到如果用兩隻青蛙一起做實驗，似乎就可以突破他遇到的困難，驚醒後他立刻按照夢中的情境去仿照同樣的實驗，並且想辦法從中找到尋覓已久的答案，最後真的如願以償解決了研究中的一大難題，後來他也順利地拿到了一九三六年的諾貝爾生理學與醫學獎項。

看完了上面的故事，你是不是覺得潛意識的力量非常有趣與神奇？我自己在學習的過程中，也有很多例子驗證這樣的說法，例如我在練鋼琴的時候，有時候一首曲子練了一整天都沒有進步，同一個地方一直彈錯，可是有時候幾天不彈琴，無意間再回去彈同樣的曲子後，就突然變得流暢了。還有，以前唸大學的電磁學課程時，必須寫一些困難的題目，當下百思不得其解，但

是在睡夢中就會莫名其妙地夢到解題觀念或方式，當下驚醒，就把問題解決了！

　　潛意識可以在無形中幫助學習，聽起來很不可思議吧？其實想想也不無道理，我們在清醒的時候，容易受到當下的情緒、環境、主觀意識影響。很可能我們心裡對於問題答案已經有一個清楚的輪廓，只是在清醒的時候，我們的思路被限制在某種固定的模式裡，不容易連結到內心深處的想法。但是一旦進入睡夢中，內心深處的感受自然而然地被釋放出來，就可能產生不同的念頭，突破思考上的瓶頸。

要下過工夫才能運用潛意識

　　讓我來說明一下具體的做法：假設你現在準備唸物理學中的某個單元，首先應該先耐心的看完課本或講義的內容，並把公式或關鍵定義，大聲唸幾次來加深印象，並挑一些自己覺得還不難理解的敘述思考，看看能不能了解它在說什麼？最後嘗試做一些題目。

　　持續進行上述這些學習過程後，如果你漸漸弄懂了大部分的內容和題目，那麼恭喜你！學習的過程十分順利。但很可能唸到後來，你漸漸陷入一種越唸越糊塗的狀況，再怎麼苦思就是一點頭緒也沒有。這時候，只要你之前確實按部就班、扎扎實實的唸書，讓這些知識在自己腦袋中有深刻的印象，也無須強求一定要馬上全部弄懂。不妨闔上書本，去做其他事情吧！一段時間以後，再看看會不會比較有靈感，很可能你會突然在走路、吃飯的

時候豁然開朗！

　　當然你也不要天真的以為，「噢！那太好了，我不要唸書了！因為潛意識會幫我學習。」同學，醒醒好嗎？潛意識會幫忙學習的前提，是你已經在意識清晰的時候下過足夠的苦功了，所以這些思緒會轉入潛意識繼續活動。如果你根本沒下過工夫就妄想一覺醒來變成數理高手，這種機會比中樂透還低吧！

　　人體是一個複雜又微妙的構造，全身所有的細胞、組織都相互連結且不斷運作，在你有意識或無意識的時候，它仍然持續活動著。所以善用這些「看不到」的學習過程，對於學習是相當有幫助的。

文科類

要能掌握整個輪廓脈絡才不會越唸越模糊！

　　一般人對於文科的印象，停留在死背死記上，在我唸國中的時候也這樣認為。那時我花了很多時間死記猛K，以為就會考得很好。但是，後來卻發現，我的腦袋中雖然記了一大堆的名詞、事蹟，但是只要一考試，這些散亂的記憶根本就組織不起來，最後還是考得很糟！

✏️ 放進情感就不無聊

　　經過多年的學習，加上和許多優秀的文組同學接觸後，我發現一件事：唸文科絕對不是只有死記，更應該掌握兩個重點：一是對文科產生情感、二是培養組織能力。

　　例如歷史科目，所介紹的是人類從古到今的所有文明活動，不論是生活方式、典章制度、戰爭殺戮……記載的都是當時人們的真實生活和情感，如果你無法對這些人事物產生情感的連結，肯定會覺得這些白紙黑字十分無聊。

確實，教科書對於歷史事件的描述，難免過於單調。如果你跟我一樣，覺得歷史課本枯燥和無趣，其實可以找尋一些合適的課外讀物，例如好看的小說、甚至是漫畫或電視劇，很容易就帶領你進入某個時代的環境和氛圍，感受到歷史人物的真實情感。像我自己無法接受死板板的歷史課本，所以就從漫畫、電視劇當中來重新認識歷史，例如三國志漫畫、大秦帝國電視劇、金庸小說、包青天等等，最近我還買了柏楊的《中國人史綱》來看，這樣學歷史實在是生動有趣多了！

組織化圖像化是關鍵方法

學習文科必須要有組織能力，例如想把歷史科學好，應該要懂得掌握歷史事件的前因後果，當你把所有細節脈絡都整理出來，自然就能夠提綱挈領、有條有理的學習。而地理科目，則要練習在腦海裡想像地圖的能力，把文字訴諸圖像，才能輕鬆的掌握繁雜的地理知識。

另外，歷史科目會有許多事件發生的年代，這些年代的數字，其實只要看過有印象就可以，並不需要去硬記，除非是幾個非常具有代表性的歷史事件，能夠記起來增加常識也不錯。像有一部冷門的電影，叫做「消失的1945」，內容是第二次世界大戰結束後的社會慘況。以後每次看到1945這個年代或數字，我不但知道是第二次世界大戰結束的日子，更會不自覺的聯想到人類發動戰爭的慘烈和對人民造成的痛苦，這樣的情感連結讓歷史事件活生生的停留在我的心裡，而非只是課本上死板板的歷史知

識。

歷史事件往往都是具有前因後果的，熟悉歷史事件發展的順序和脈絡，才能更有效率的學習。建議唸完一段課文後，先閉上眼睛，試著自己默背出大綱來，順便在腦海中播放一下歷史情節，讓印象更深刻。這樣做不但讓你非常清楚整個歷史發展的結構、順序、因果關係，更能避免唸到最後，背了一大堆歷史名詞，卻都混在一起，考試時一樣不能順利應答！

數學科

一定要找到自己聽得懂的老師。

如果要統計學生最討厭的科目第一名,我想數學科應該穩坐第一名的寶座吧!

數學科本身的難度不低,也不容易學習。但我想提醒同學的是,數學難歸難,卻也不是不可能征服的科目。一樣有很多學生並沒有具備數學的天賦,最後還是克服了數學的難關,而為他們在考試和升學路上大大的加分,究竟是怎麼做到的呢?

老師在說,你真的聽得懂?

首先,數學和物理、化學等理科一樣,最重視的就是觀念和理解,如果沒有扎實地打好這些基礎,別妄想能取得優異的成績。但是,觀念怎麼建立,又該如何理解?我認為,再也沒有比找到一位合適的老師來得更重要了!

好的老師會清楚講解課本的數學原理,引導學生正確的思考和推理。有些觀念你自己看書摸索,可能要苦苦思索好幾天,

但是好的老師能夠在短短的幾分鐘內就為你釐清一些觀念，讓你省下許多時間。

當然，只靠好的老師幫忙絕對不夠，你自己也一定要勤於練習和計算，才能對整個單元的內容駕輕就熟。

✏️ 培養工整書寫算式的習慣

學習數學的時候，計算過程一定要整齊、有條有理，切記雜亂無章，東寫一點西寫一點的，連自己都看不懂。這樣不但出錯的機會很高，唸起書來也會心煩意亂，無法讓頭腦進行有效的思考。

我從前在計算數學時也常常寫得非常雜亂，後來我發現這個習慣會大大的阻礙自己學習數學的效率，因此努力改正過來。一開始會覺得有點麻煩，但漸漸的就會發現耐心的把算式寫清楚，不但讓自己和閱卷的老師賞心悅目，而且也會讓作答的過程更快速更精準，事後再進行檢查的時候更能一目了然。

$$2x - 3y = 7 \quad \text{——} \quad ①$$
$$4x + y = -1 \quad \text{——} \quad ②$$
$$② - ① \times 2 \rightarrow y - (-6y) = -1 - 14$$
$$\rightarrow 7y = -15$$
$$\rightarrow y = -\frac{15}{7} \quad ✗$$

雜亂無章的計算過程，不但容易出錯，也會阻礙思考的訓練。

養成整齊有條理的計算，有助於培養清楚的思考能力，並降低答錯率。

理化科

比學校更早先修，聽不懂也至少有緩衝的時間。

理化科主要出現在國中的八年級和九年級，是「物理」和「化學」這兩門科目的合稱。課程內容涉獵很廣，主要為：

基本測量、水與空氣、波動與聲音、光與顏色、溫度與熱、元素與化合物、化學反應、化學計量、反應速率與平衡、酸鹼鹽、氧化還原、有機化合物、彈力、壓力、浮力、直線運動、力與運動、功與能、靜電、電壓、電流、電阻、電與生活、電功率、電化學、電池、電與磁、能源。

光看到以上這麼多的課程內容，想必就覺得有壓力了吧？沒錯！根據我多年的教學經驗來看，理化科目在一般學生的心中就跟數學一樣，都是屬於不容易應付的科目。尤其國中理化科目內容又多又雜，如果沒有遇到一個講解清晰又有系統的老師，很容易就讓學生備感挫折，甚至放棄。

理化科包含物理和化學，學習的時候，必須兼顧這兩門科目的要訣，尤其要特別注意「光與顏色」、「化學計量」、「壓力」、「浮力」、「酸鹼鹽」這幾個單元，都是屬於特別困難、讓同學感到害怕的單元。如果條件允許的話，建議理化和數學都可以比學校更早先修，如果目前聽不懂的話，至少還有緩衝的時間，不會立刻影響到課業成績，因而打擊到學習的信心。

物理科

培養對物理的直覺，解題如有神助！

　　物理，主要是研究物質或非物質的構造、及其相互作用規律的一門自然科學。高中或高職的物理是獨立的一門學科，討論的範圍主要為：運動學靜力學、牛頓力學、功與能、轉動、簡諧運動S.H.M.、動量與衝量、重力定律與天體運動、流體力學、溫度與熱能、氣體動力論、波動與聲音、光學、電磁學、電子學、近代物理。

　　我常常跟學生說，物理這個科目有著比數學更具體的思考對象，也比化學少了複雜的記憶，所以，如果你在學習的時候充分理解教材的內容，並且能具體的與生活中的經驗做連結，想學好物理絕不會是辛苦的事！

　　很多同學覺得物理很難，通常主要原因是老師沒有表達得夠清楚，所以根本不知道自己在學什麼；還有一個原因是，自己在學習的時候，腦海裡沒有練習去模擬、去想像對應的情境，所以無法清楚地掌握整個物理過程的來龍去脈。例如在學運動學的

時候，老師舉例有一顆球向上丟、接著落下的例子，如果你的腦袋裡沒有像播放影片一樣，練習想像一顆球向上、越來越慢停下來、接著越來越快落下的整個過程，你就無法融入學習的情境，學習效果自然就差！

✏ 跟愛因斯坦一樣學物裡

在物理學上有成就的人很多，但是愛因斯坦提出「相對論」，揭露了許多驚人的想法，讓全世界的人驚嘆不已！他能在物理學界備受推崇，除了他提出的理論幾乎顛覆了我們對時間空間的認知之外，更重要的是，很多人以為他當初一定是知道有實驗證明他的理論是真的，才會提出劃時代的想法，但真實的情況是，他的理論幾乎都是用腦袋空想出來的！我們不禁好奇，究竟是什麼樣的思考方式，可以想出如此不簡單的理論呢？

就現有的資料來推測，愛因斯坦在思考物理問題時，常常把自己的腦袋當作是實驗室，天馬行空的進行他的想像實驗，他的理論就這樣一片一片拼湊出來的。充滿想像力的愛因斯坦，曾經說過一句流傳千古的名言：「想像力比知識更重要！」

我在唸高中的時候，也很喜歡用「在腦海中做實驗」這個學習方法，我記得以前學物理滑輪單元的時候，學得很痛苦，尤其如果是滑輪組合要算加速度、算位移等等，因為涉及的運動過程較為複雜，自己常常被搞得七葷八素的，非常煩惱。於是那陣子，我會利用坐公車回家的五十分鐘時間，找個最後面的位子，舒舒服服地閉上眼睛，開始冥想。我的腦袋像是電腦螢幕一樣，

開始假想各式各樣的滑輪組合，設定各種條件，然後讓它們一遍一遍在我的腦海中重複播放，我彷彿看到各種複雜的機械在我眼前一幕幕上演……然後從這些幻想當中推敲，究竟怎麼樣的運動才是正確的。這種方法，訓練我對於物理學的反應越來越靈敏和精準，往往一個困擾我一整天的觀念，上車時開始冥想，下車時就豁然開朗！

化學科

多用記憶口訣，才能省時省力！

化學，是討論自然界物質變化關係的學問，主要內容有：自然界的物質、物質的形成及其變化、生活中的能源、物質三態變化、莫耳、原子分子量、化學式、化學反應與計量、氣體的性質、溶液的性質與計算、原子結構、週期表、反應速率、酸與鹼、氧化還原反應、非金屬元素及其化合物、金屬元素及其化合物、元素性質、分子鍵結與軌域、晶體結構與堆積、電池、電解、電鍍、有機化合物。

好玩的口訣幫助記憶

化學與物理的主要差異在於，討論的內容更著重在物質間互相變化的知識，例如廚房的瓦斯燃燒時會產生二氧化碳和水，原因是什麼？怎麼計算？由於這些過程涉及到冗長的程序和計算，所以想要學好化學，理解、耐心、細心都是必備的條件，缺一不可。

一般人對化學的印象是，需要理解的部分較少，需要記憶和計算的部分較多，像是週期表、電負度、各種化學物質的性質，常常有很多東西要記憶和背誦，這時死記不是最好的辦法，能夠配合「口訣」省時又省力。例如我在教國中化學單元的時候，有個章節需要同學背常見元素對氧的活性大小，依序是「鉀>鈉>鈣>鎂>鋁>碳>鋅>鉻>鐵>錫>鉛>氫>銅>汞>銀>鉑>金」，如果直接硬背這種沒有邏輯的次序還挺痛苦的，此時，我就會把它編成一個故事：「假如那個美女傷心的跑過來跟你談心，八成是有個鐵石心腸的男生喜歡錢和琴不理她，總共有一百金那麼多！」以這樣的口訣來記，就會好背得多。

　　當然化學要背的不只這些，同學上網找資料，或看看參考書、到補習班上課，通常都可以得到各式各樣的口訣，幫助你背誦化學繁雜的內容。

🖊 理解才是基礎

　　但是必須要注意，化學理解的部分雖然少，不代表理解不重要；相反的，理解才是學好化學的基礎。如果你不願意花一點時間充分的理解，記憶再多表格、公式，遇到考試時一樣派不上用場。現在坊間有關數學、物理、化學的科普書籍很多，其中有些化學類的書籍跳脫了教科書死板板的陳述方式，精美的圖片也讓人感到賞心悅目，例如《如何學好中學化學》、《看得到的化學》、《觀念化學》等等，同學們有空不妨到書店翻閱選購，藉由閱讀課外讀物來增進化學方面的實力。

英文科

學語言不應死記文法，語感的培養才是正確的方向！

　　英文是目前國際上最普遍使用的語言。身處台灣，我們也有很多機會使用到英文，例如閱讀原文書、上網購物、聽音樂、看電影等。因此，要能快速掌握國際間的資訊，與全世界進行交流，英語的聽、說、讀、寫，是一項非常重要的能力。

　　可惜，學校在教授英文時，就像在教數學一樣，整天教文法、套公式，我個人非常厭惡這種學習方式。試問，大家中文都說得非常流利，是因為認真的學習文法？還是從小耳濡目染、潛移默化學會的？文法雖然也是語言的一環，但是應該當作是一種輔助的工具，而不是學習的重點，捨本逐末，只會造成學習的枯燥和痛苦，也難怪英文這個科目，也是令很多同學感到挫折和討厭的一科。

　　此外，大家可以想想，台灣的學生從國中到高中，學了六年的英文（很多人從小學就開始學起，那又更久了），有多少比例的學生遇到外國人時，具備流利開口溝通的能力呢？

🖊 找出學好英文的動機

　　如果你跟我一樣，不喜歡學校制式的語言學習教法，建議你在學校的課程之餘，務必要找出一套學習英文的方式，畢竟將來你上大學、出社會、交朋友，有非常多的機會用到英文，千萬不要認為學英文，只是為了應付學校的考試。學語言真正的目的是要內化成日常生活的一部分，讓你能夠把這種能力帶在身上，打開一扇認識世界、與全世界溝通的窗，幫助自己拓展視野，也讓人生更加豐富和充實。

　　沉浸在某種語言的環境之下，是學習語言最好的方法，但是，身處台灣，我們沒有這樣的英語環境，該怎麼辦呢？在一、二十年前，媒體和科技都不發達的時代，或許很困難，但是在今天這個科技發達的年代，網路、手機、mp3播放器等科技產品不斷推陳出新，只要善用這些工具，你就能夠靠自己的力量，扎實又深入地學好英文。

　　我有一位韓國朋友是留美的名校博士，非常熱中學習語言，他不但精通英語，更能流利的說日語，當我去韓國找他玩時，看著他輕鬆自在的切換英文、韓語、中文與大家聊天互動，真的是佩服不已！究竟他是用了什麼方法，可以把語言學得那麼好？就讓我們一起來看看他是怎麼做到的！

　　正如本書一再強調的，找出自己的學習動機，才能擁有源源不絕的動力，把一樣東西學好。這位韓國朋友也是如此，他說當初會想要努力把英文學好，是因為在大學時受到了某位學長的

刺激。在一次校外活動中，他看到學長在眾人面前以流利的英文侃侃而談，他從容自信的模樣立刻抓住了所有人的目光，也讓他崇拜不已。從此，他下定決心，有一天要跟學長一樣，流利自在的使用英文。

　　所以，同學們，絕大多數的成就都是開啟於這樣一個簡單的念頭、一幅畫面、一份渴望。如果你沒有找到學好英文的欲望，很容易就會覺得唸英文是件枯燥和痛苦的事，不是嗎？所以，你不妨常常去想像一下自己英文學好之後，流利使用英語的場景，例如輕鬆閱讀英文書報雜誌，或者在國外機場通關、餐廳用餐、旅館住宿時溝通無礙的優雅自信；還可以想像自己跟朋友在路上遇到外國人問路時，朋友都尷尬的傻笑，你居然能用英文對答如流，獲得朋友欽佩的眼光等等……多去挖掘想像這些美好的畫面，絕對可以激勵你對學好英文，充滿了興趣和鬥志。

　　當然，除了想像學好英文的快樂，還可以想像英文學不好的痛苦，用來警惕自己，例如上課時被老師叫起來回答問題，支支吾吾的答不出來；或者唸英文課文時的台式口音被同學取笑；又或者在馬路上遇到老外問路的時候，因為怕聽不懂，頭低低的急忙逃離現場的窘況。如果你嚮往學好英文的美好，又害怕學不好的痛苦，就可以找到學好英文的動力了！

🖊 從背單字開始

　　假設你已經找出學好英文的動機，接下來才是最困難的，就是開始行動！誰沒有夢想？誰不憧憬美好的未來？但是，夢想

如果不能夠實現就只能淪為幻想，兩者之間最大的差別，就在於行動。大部分的人整天幻想這幻想那的，卻又無法拿出行動來執行，到最後還是一事無成。

假設你的英文程度真的是趨近於零，那就從最基礎的二十六個英文字母開始。找個同學或老師教你這些字母的寫法和讀法，花個幾天就可以完全熟悉了，並不是難事。再來是單字，假設國中三年大約有兩千個單字，高中三年有七千個單字要學會，看起來似乎很可怕，但如果你把〈讀書高手必練神功〉這一章的內容徹底地融會貫通，並且規劃一天背十個單字，這樣一來，國一就背完兩千個單字了！至於高中的七千個單字，雖然更多，扣除國中的兩千字，也只剩五千字要背。只要每天多辛苦一點點，一天背十五個單字，再配合字根字首的歸類和整理，也是一年左右可以背完！如果你的目標是放在學測上，那要背的字彙量又更少了，只要用對方法，相信背單字並不困難！

🖊 聽說讀寫一起來

當然，英文絕對不只單字而已，所以在背單字的同時，也要同步練習造句、文章、閱讀、發音等等。你可以購買很多人都推薦的《大家說英語》或《空中英語教室》來閱讀，裡面不但有精選過的文章、例句，也有清楚的分析、講解，更棒的是，現在的英語雜誌都會附贈CD，可以不斷反覆聆聽。聆聽的時候當然不要只是「聽」，你還要跟著「說」，並且重複幾次，讓自己說話的速度和語調，跟CD裡的示範越來越相近，這樣不但英文口

說的能力會增加，也能從中得到成就感，增加學習英文的興趣！

現在很多學校都有國際交換學生的活動，藉由這些活動去跟外國人做朋友，直接用英文交談，把所學的英文融入真實情境，往往進步得最快、最踏實。如果你的學校沒有這類安排，也可以主動參加有外國人參與的交流活動，去認識一些母語是英美語系的人。現在網路發達，透過skype、facebook、視訊，一樣可以輕輕鬆鬆的展開國際交流。

我一直認為，科技的發達進步，讓太多以前不可能擁有的學習條件，如今唾手可得，只差你要不要去做、去使用罷了。由於學習機會變得普及且免費，未來最有競爭力的人，將不再是那些擁有先天絕佳條件的人，而是上進而且懂得主導自己人生方向的人。

多出國是最全面的方法

最後，如果能力許可的話，一定要多多把握機會出國參觀、交流、訪問。

在台灣，你再怎麼用功唸英文，就是少了那種身處異地、整個人融入當地語言的氣氛。身處國外，從早上起床、搭車、逛街、購物、交談，無時無刻不在上聽、說、讀的實境英文課。

而且，累積出國的經驗，除了可以幫助你學習語言外，更重要的是，能夠培養國際觀。看看國外的交通、建設、政策、制度、價值觀、生活方式，藉以拓展視野，用更宏觀的方式來思考人生，探索未來，這也是未來公民必須具備的基本素養。

許又文（台大法律系大三）

很多人都說你的英文很好，你是怎麼學英文的呢？

唸英文的時候，我會先試著整篇文章看過一遍，這樣會對整個內容架構有個宏觀的感覺，當然一定會有看不懂的單字，但不要急著查字典，可以試試看能不能利用上下文去推敲出單字的意思，常常保持這樣的練習，不但可以提升對英文的敏銳度，還可以節省很多查字典和抄寫的時間。

你有透過出國交流的方式來學習英文嗎？效果怎麼樣？

我去過澳洲、紐西蘭、英國等地當交換學生，也去過很多國家觀光旅行，這些經驗幫助我對於英文的熟悉度增加很多，所以，如果環境允許的話，給自己一些時間融入國外的生活絕對有助於學好英文。

很多同學覺得單字很難背，背了又忘，而且還不會使用，你自己有什麼好辦法？

我覺得背單字的時候，如果死背一定會很難背得起來，所以背單字時一定會跟著例句一起背，一方面透過例句的情境加深印象，一方面也可以學著怎麼使用這個單字。

PART 5

實用考試
教戰守策

正確的考試方法才能把實力發揮出來

快速安排最佳答題順序

作答需謹慎，檢查是必備

一考試就緊張該怎麼辦

準備大型考試必備知識

正確的考試方法才能把實力發揮出來

考試不只比實力,還比策略運用。

　　儘管在求學的路上,每位同學已經經歷過無數大大小小的考試,但是仍然會有幾次影響升學方向的大型考試,例如國中升高中職、五專,或者高中升大學等。這些競爭激烈的大型考試,不但涉獵的內容既廣且深,而且對於未來人生的發展也會發生相當重大的影響。面對這些人生中的重要戰役,想要取得勝利,必須確保所有條件都達到最佳化,包括你的學習成果、身體狀況、心態調整、唸書規劃、策略分析等等,絕不是一件簡單的事!

　　從第一章開始,我們討論如何引發學習的動機,到了第二章,我們探討如何調整生活作息和唸書習慣,第三章分析了每個科目唸書的訣竅和方法,如果這三章你都充分的融會貫通,而且大部分都能真正落實在自己身上,相信你已經能夠累積出相當堅強的實力。

　　而現在,我們就可以探討,如何在考試時,將你的實力完全發揮出來,得到令人滿意的成績!

考試的遊戲規則

在我們的周遭，可能偶爾會出現一種非常會考試的人，一般來說，看不出他有特別的用功、或是特別的聰明，甚至在平常的考試當中總是表現平平。但是很奇怪的，只要是遇到重要的大考，他們的表現就會一飛沖天，變成超級黑馬，考出名列前茅的優異成績，令人刮目相看。

我在本書中採訪了一位從松山高中畢業，考上台大的同學，他平常在學校的百分等級只有三十而已，結果指考一考，居然考進了台大，成為松山高中一類組全校第二名，他的成績突然大幅躍升，讓所有人跌破眼鏡！

你可能以為他只是運氣好，事實上，他只要是遇到大考都會有非凡的表現，例如國中的基測、高中的學測。追根究柢背後的原因，就是他每次在考試前都會非常精準的把力氣花在會考的地方上，在大考時，也用了十分正確的方法進行作答。由他的例子來看，「會考試」是多麼重要的事。

換句話說，考試只是測驗「在限定時間內，能夠寫出多少正確答案」的一項計時活動。就算你肚子裡只有半桶水的料，只要恰巧寫出了考卷上的正確答案，就能得到高分，這是很現實的事，但考試的遊戲規則就是這樣。

當考生也要很專業

我發現，那些成績非常出色的考生，往往除了本身的實力

確實不凡外，通常也都擁有正確的考試觀念，充分掌握了良好的考試技巧。

因此，想做一個考試常勝軍，擁有充分的考試實力是最基本的。事實上，你必須完整具備兩種能力，才可能在考場上戰無不勝、攻無不克：一是充分扎實的實力，二是正確的考試方法，只有這兩樣都具備，才稱得上是「真正專業的考生」。

如果你自認為是個用功的學生，而且唸書唸得扎實，但是考試的成績就是沒有起色，不要急著否定自己的實力，請仔細看完本章的內容，自我檢視看看，是不是考試的方法出了問題？

快速安排最佳答題順序

有把握的先做，做越多心裡才越放心！

　　當你拿到一張考卷，通常都怎麼做？是從第一題開始做起，到最後一題結束嗎？這樣聽起來滿合理的，很多學生也都是以這種方式作答。但請注意，這樣的做法其實有問題，怎麼說呢？

　　試想這樣的情境：一張考卷有二十題，考試時間六十分鐘，一題5分。假設第三題超難、第五題要花上十分鐘才能寫完，其他的題目則很容易。我們來看看，這樣的一張考卷，從頭寫到尾，會有什麼樣的情況。

✎算算一題平均花多久時間

　　首先，按照題目數量和總時間來看，一題平均應該花三分鐘就要寫完，如果一位一般水準的考生，從考試時間開始，從頭到尾依序的作答，當他在第三題碰到超難的題目時，可能會花上遠超過三分鐘的時間作答。如果答出來了，但他因為時間花得太

多，寫不完其他題目而感到緊張，影響到其他題目的答題表現；
如果此時答不出來，很可能會感到驚慌失措，無法發揮正常實
力；再加上第五題需要花上十分鐘來解答，考生可能會時間不夠
用，或沒時間進行檢查，要不然就是因為無法平心靜氣的考試，
導致表現失常，影響到分數。

在這個例子當中，比較好的做法是，考生在寫第三題的時
候，發現題目超過了他能掌握的範圍，或者是已經超過一題三分
鐘的作答時間仍無法順利答出來，就要當機立斷，立刻跳到下一
題。接著，當他遇到第五題時，也是一樣的情況，如果他知道這
是一題比較消耗時間的題目，或者無法在三分鐘內作答完畢，一
樣要立刻跳過這個題目，先把其他題目做完，有時間的話再回過
頭來處理這兩題比較棘手的問題。

現在我們來比較一下，將這種「有把握的先做，沒把握的
後做」的方法，運用在考試上，會有什麼優勢？

作戰混亂怎能不敗

首先，在時間上面，前者消耗了太多時間在兩個題目上
面，偏偏這兩個題目都是出現在很前面，如果考生因此浪費太多
時間而錯失回答其他更多題目的機會，這樣因小失大，就會非常
可惜。

再者，如果在大部分題目都還沒有拿下分數的情況下，就
遇到了無法解決的困難題目，非常容易造成慌張和挫折感，肯定
會影響到整體表現，如果像後者一樣，先跳過這兩題，把剩下的

十八題做完，穩穩當當地拿下90分，就可以老神在在地去面對這兩個難題，答對是賺到，就算沒答對，自己也拿到了應有的分數，就不會覺得懊惱了！這種扎扎實實、安心考試的感覺，絕對跟前者有極大的差別。

所以考試正確的程序，總結如下：

一拿到考卷時，首先瀏覽整張考卷、觀察頁數、題數、配分、難易分佈，快速在腦海中對這張考卷有個清楚的輪廓，同時，開始擬定接下來的作戰計畫。既然考試的目的是取得高分，原則上，你應該從有把握而且配分高的地方開始寫，這樣不但投資報酬率高，而且很快就可以拿到基本的分數，有助於「穩定軍心」。最糟糕的情況是，你按照順序一題題寫，但是前幾題就卡住了，你一慌就影響心情，時間一分一秒過去還是解不出來，就更害怕了，到最後波及到根本就會寫的題目，以致潰不成軍！

作答需謹慎，檢查是必備

粗心常常是失分的首要原因！

在選擇題作答時，有的同學會有一種壞習慣，來看看你有沒有：

例如，某個單選題有（A）、（B）、（C）、（D）、（E）共五個答案，假設有位同學看到（A）後心裡想：「嗯……應該不是答案」，後來又看到（B），馬上發現：「咦……很像答案耶」，然後，答案就直接寫（B）。結果一對答案才發現，其他的選項其實更好，白白錯失了一題的分數。

像這種做法就是一種相當不好的作答方式。

寫考卷不是快問快答

在上例中，你怎麼確定（C）、（D）、（E）不會有更好的答案呢？或者，即使你確定（B）真的是答案，再稍微看一下（C）、（D）、（E）錯在哪裡，不是心裡也比較踏實嗎？但是很多同學，在沒有經歷過那種「差了一題，就錯失一兩個名次」的痛苦，往

往無法體會小心作答的重要性。

　　我在面對考試時，一定會把題目和所有選項，都老老實實的看完再作答，這是基本應有的謹慎態度，可惜很多同學常常不在意，造成大意失荊州，在不必要的地方失去分數。

🖊️ 檢查是必備的程序

　　不知道有多少次，當我檢討學生的考卷時，問他們為什麼會寫錯，幾乎都會聽到兩個字──「粗心」。

　　粗心幾乎是所有學生都會犯的毛病，我自己也曾經是這樣。記憶當中，有好幾次考試時都發生過一件很奇怪的事，就是我在作答的時候，明明感覺自己的解答正確而有條理，十分有把握。可是，等到全部試題寫完，還有時間回去再檢查時，赫然發現我居然莫名其妙地想到錯誤的方向，寫出錯誤的答案。每次出現這種情況時，我都會驚嚇不已！趕快把答案修改正確，事後也對自己為何寫錯感到十分無法理解。

　　可見粗心的發生，真的是無法立刻察覺的。

🖊️ 畫個小記號當提醒

　　當然，透過一而再、再而三的反覆訓練，絕對可以降低發生粗心的可能，但是當你身在考場，已經沒有時間再練習，此時唯有仔細檢查，可以讓你避免失去應得的分數，我自己的做法是這樣的：

　　寫答案時，除了按照本章介紹的方法，快速的擬定出作答

順序，在作答的過程中，我還會用二～三種記號，來分別標示可能錯誤的題目。例如假設某個題目，是我有點不確定，或是稍微複雜的題型，在解答完畢後，我會在旁邊標個三角形；又假設某個題目，雖然我寫出答案，但是是全新的題型，或是非常複雜的計算，我認為錯誤率可能很高的話，就在旁邊標個問號。而如果某個題目讓我信心滿滿，那我就先不做任何的記號。

如此一來，我可以在做答完後立刻把打問號的題目再算一次，然後把打三角形的題目也再度驗算；如果還有時間的話，就可以把剩下沒做記號的題目，重複計算一次。透過這樣的標示方法，就可以讓我十分有效率地把整張考卷做個精準的檢查。

一遇考試就緊張該怎麼辦

習慣考試的氣氛，讓考試就像吃飯睡覺一樣流暢！

　　有一種考生，明明平常準備得很充分，但一上考場，就會全身緊繃僵硬，腦袋無法正常思考，尤其是對於數理科目，更是無法發揮原有的實力，因而影響了考試成績，讓人感到惋惜。

　　其實面對這種情況，最有效的方式，就是訓練自己遇到考試時保持像平時在家做練習題一樣的心情。譬如說，如果你每次考數學時就會出現這種狀況，那麼在平時你就應該為自己舉辦很多次的「數學模擬考試」。

自編自導自演模擬考

　　假設大考通常是五十分鐘，三十題選擇題，你可以準備一張作答時間五十分鐘、三十題選擇題的試題來做，內容跟大考越像越好！然後找個不受人打擾的時間，開始計時，把這張考卷寫完，寫的過程中你要完全當作是真實在考試，你還可以嚇嚇自己：「我現在就是在考試了，考壞了就沒機會了，好緊張呀！」

然後你在這五十分鐘內，要充分的把所有在本書學習到的考試策略，包括你自己的考試技巧全部都妥善運用，包括解題順序的拿捏、時間運用的規劃、寫完後檢查的時間分配等等，全部都好像真正在考試一般，認真執行。等到時間一到，你就可以結束這次模擬考，為自己改分數，看看得了幾分。

　　通常在做這樣練習的時候，只要你能成功地催眠自己正在經歷一場無法重來的大考，就能讓自己有種置身在考場的緊張感。當你經過反覆的練習之後，面對真正的大考時，一定可以減輕緊張的情緒和壓力。

準備大型考試必備知識

參加大考所需具備的基礎觀念！

　　雖然在求學的路上，會面臨到的考試是數也數不清，但是在大學以前，國中基測、大學學測、大學指考、四技二專等等升學考試，都是屬於最大型的考試，其中所必須要涉獵的努力程度也絕非一般考試可以比擬的，因此在這裡，我們特別來探討一下這些影響人生方向大型考試的準備觀念。

　　大型考試，比的是一場唸書的馬拉松賽，除非你擁有一般人沒有的聰明或好運，否則不要妄想最後幾個月努力衝刺，就能考到好成績。以國、高中生來說，從國三或高三開始進入備戰狀態，將有整整一年的時間做規劃和衝刺，是最合適的時機。

　　在面臨大考的最後一年，除了要學習新的進度，還要複習一、二年級的教材，更重要的是，你也要好好思考自己要透過什麼樣的管道來升學，例如高中升大學的方式普遍來說就有繁星推薦、個人申請、指考分發三種，各有利弊，應該要盡早做好全盤的規劃。

✏️考前一個月保持規律的作息

為了確保考試不失常，保持頭腦在清醒、思考靈活的最佳狀態，在考前就應該訓練自己具備充足的精神。

假設考試是從上午八點開始，那大考一個月前，你就要練習每天早上起床後，能夠在八點時完全清醒、頭腦清晰。你可以在起床後，從七點半開始唸書、做題目，等到八點時應該就可以進入狀況。每天反覆持續練習下來，等到大考當天早上八點一到，你的身心自然會進入最佳的狀態，充分發揮你的應考實力！

除了早上規律的起床，以及讓自己「準時」進入最佳狀態外，晚上按時就寢也很重要。有些人會因為考前太緊張，睡不著覺，增加了考試當天狀況的不確定性，這絕對不是件好事。照理說，考前一個月仍然有非常多東西要唸，每天固定唸完規劃好的內容，已讓你累到晚上自然而然可以睡著。

總而言之，考前一個月，必須讓自己的日常作息、三餐飲食、心情思緒都保持在規律的狀態才行。

鍾棠安（北一女中/100年北北基入學）

陳子軒（建國中學/100年北北基入學）

能否聊一聊你們平常的唸書習慣或心得？

棠安：

我會訓練自己在吵雜的地方也能唸書，所以一向都很快就進入唸書狀況。

有問題時要做記號，一定要找時間問老師、問同學，把問題搞懂。

課本很重要，一定要確認課本的東西都有弄懂。參考書也很重要，多種版本都可以涉獵，增加更多的練習。

子軒：

我從小學的時候就很愛看書，培養出唸書的習慣，也因為唸了不少國中學科相關的書，因此也影響日後的表現。

唸書要注重效率、要專注。社會科不能只有死背，要理解彼此之間的關聯性和脈絡。

能不能分享一下你們準備北北基的過程？

棠安：

　　唸書要有規劃、也要有自制力，我自己國三時也有遇到低潮過，但是隨著考試越來越近，我在痛定思痛的反省下，終於讓自己的唸書狀況穩定了下來。

　　考試時間要分配好，題目的每個字都要看，關鍵字要圈起來。考完後每個選項都要弄懂，自己會的題目也可以看看詳解，了解不同的解題思路。

　　考前不要做很難的題目，觀念題一定要做。模擬考一定會偏難，所以對於模擬考成績不要太在意，從歷屆的考古題中了解自己的實力就好。考試當天一定要想辦法定下心。

子軒：

　　每科都要有好成績。像我的數學比較弱，所以考前更專心做數學題目，而不是直接放棄。

升學管道攻略手冊

PART 6

國內升學制度簡介

基測：國中畢業升學必經之路

學測：進入大學所必須通過的檢定測驗

指考：硬碰硬的升大學專業考試

統測：高職和綜合高中升四技二專的統一考試

國內升學制度簡介

國中、高中、高職、五專、四技、二技、二專、大學。

在這一章中，我將介紹從國中畢業到進入大學，各式各樣的升學制度。除了幫助大家了解各種制度的差別外，也幫助同學建立一個基本的輪廓，提早思考自己未來的方向。

在本書書寫之際，我訪談了很多順利考取理想高中、大學的優秀學生，與大家分享他們是如何唸書的。雖然礙於篇幅限制，無法採訪所有地區、所有學制的學生，但是，透過他們的分享，大家可以發現，優秀學生唸書的方法和態度，都是相當類似的。只要具備與他們同樣的學習精神，不論教育制度再怎麼改變，不管你想要走向哪條升學的道路，都一樣能夠達到心中理想的藍圖。

技職與學術兩方向

在這個普遍重視學歷的社會，很多同學和家長莫不為了升學考試而傷透腦筋，很多同學也從來沒有時間好好的想一想，究

竟什麼升學管道適合自己？自己適不適合一路升學最後取得高學歷？

　　國內的升學制度，以學習方向來說，主要可以區分為兩種，一種是培養職場應用能力的技職教育體系，例如高職、五專、四技、二技、二專。另一種是培養學術研究能力的基礎教育體系，例如高中、大學、研究所。

　　在技職教育裡，學生較早被區分不同的科別，例如在高職和五專就分機械科、板金科、電機科、化工科、土木科、時尚模特兒科、水產養殖科、舞蹈科等，學生可以學習到某個領域的專業技能。由於教育方向偏重實作和應用，因此學生也較早具有投入職場的專業能力。很多學生在國中時厭惡每天唸書、背東西，或許可以試著朝技職方向發展，讓自己早點學得一技之長。

　　而在基礎教育裡，學生則是較晚被區分不同的類別，像在高中，學生高二時才開始區分為文組和理組，一直要到了大學，才真正有較寬廣的科系選擇，例如醫學系、法律系、電機系、物理系、戲劇系等。由於大學教育比較側重於培養學術研究的人才，所以大學的課程也比較重視理論和知識，而不像技職教育般重視應用。

從國中開始想像未來路線

　　國中畢業的學生，可以選擇透過高中、高職、五專三種制度升學，高中教的是學科的基礎知識和原理，目的是為了考上大學，所以唸了高中若不考大學，可能就會比高職五專畢業生缺乏

就業競爭力。

　　同學們，在唸國中的時候，不妨多花些時間想一想，自己到底想要唸高中、升大學，擁有比較高的學歷和學術研究的能力？或是想要唸高職或五專，讓自己比較快擁有投入職場的能力。這兩條路線對未來人生的發展差異頗大，早點想清楚比較好。

	全名	時間	目的	畢業後學位
國中	國民中學	三年	培養國民基礎知識	
高中	高級中學	三年	考取大學的知識	
高職	高級職業學校	三年	職業所需的技能	
五專	五年制專科學校	五年	職業所需的技能	副學士
四技	四年制技術學院	四年	職業所需的技能	學士
二技	二年制技術學院	二年	職業所需的技能	學士
二專	二年制專科學校	二年	職業所需的技能	副學士
大學	大學	四年	學術研究的能力	學士

＊實際情況仍需參考相關科系的資料，例如大學醫學系普遍要唸七年。

從國中畢業到學士學位的升學途徑

途　徑	總年數	最終學位
高中生三年 →大學四年	七	學士
高職生三年→四技四年	七	學士
高職生三年→二專二年→二技二年	七	學士
五專五年→二技二年	七	學士

※更多相關資料：
◎教育部全球資訊網：www.edu.tw
◎全國高中、高職、五專學校資訊網：me.moe.edu.tw/junior/search
◎四技、二技、二專、五專資訊網：www.techadmi.edu.tw

※重要提醒：教育政策經常會進行修改和調整，無法保證本文介紹的內容與真正實施的細節完全相符，請務必透過正式教育機關取得最新政策和資訊。

基測

國中畢業升學必經之路。

　　基測全名為「國民中學學生基本學力測驗」，是國中學生升高中、高職、五專所必須要面臨的全國性大考，考試科目為國文、英文、數學、自然、社會五科。自然科，由理化、生物、地科三科組合而成。社會科則是由公民、地理、歷史三科組合而成。

　　以往，基測每年舉辦兩次，但是從民國一○一年開始，基測預計全面改為一次，到民國一○三年，將停止基測，改為十二年國教的免試方案，所以照這樣的步調來看，民國一○二年暑假畢業的國三生，將是末代基測考生。

　　近年來，台灣的升學制度有很大的改變。所以，務必要隨時注意考試資訊，每年都要透過學校、老師、輔導室等，仔細了解當年的制度是如何規定。

　　我常常覺得，教育制度一直改，一直變，但辛苦唸書的學生和家長，真的有感受到教育的環境越來越好嗎？就我所接觸的

經驗來看，答案是不樂觀的。所以我認為不要指望教育機關，能妥善照顧到每個學生的需求。每個人的學習和教育，一定要靠自己。

※欲參考更多基測相關資料，請上國民中學學生基本學力測驗推動工作委員會網站：www.bctest.ntnu.edu.tw

※重要提醒：民國102年暑假畢業以前適用。

學測

進入大學所必須通過的檢定測驗。

　　學測全名「學科能力測驗」，是高三學生欲透過「繁星推薦」或「個人申請」進入大學，所必須參與的檢定考試。考試的內容為國文科、英文科、數學科、自然科、社會科五科。學測考試的時間，除了國文科的一百二十分鐘外，每一科皆為一百分鐘。而每一個科目的最終評分方式，是依據所有考生分數的比例分成十六個區間，從最差的零級分到最好的十五級分來分級，得到十五級分不需要真的分數拿滿分，只要落在十五級分的區間即可。因此，一個學生最好的學測成績就是五科全部拿十五級分，總共是七十五級分。學測的舉辦時間大約在一月底，若是高三同學在學測時表現不理想，還可以選擇參加七月初所舉行的指考。

　　學測的成績，由於已經包含高中文科類和理科類的測驗結果，因此可以用來申請任何科系就讀，相對指考而言，升學之路寬廣了許多，而學測考試的內容，則主要是以高一和高二上學期為主，對於學生來說，準備的內容會比指考少很多。然而，雖然

學測的範圍比指考少，但根據以前學生的經驗，出題的方向卻比指考靈活很多，所以準備時務必充分的理解課程內容，才能面對多變的題型。

值得一提的是，國文和英文都有寫作的部分，英文寫作有28分，國文寫作更是占了一半的分數，足足有54分。而寫作憑著臨時抱佛腳和半生不熟的能力，是很難拿到高分，所以往往也造成了拉大總成績的關鍵。同學應該要在平時就養成寫日記、寫文章的習慣，在考前兩個月時最好還能養成每週寫一、兩篇作文的習慣並給老師批改，以訓練自己在考試當下擁有精準駕馭文字的能力，快速寫出符合考題的文章。

另外要特別提醒的是，台大的學弟告訴過我，有少數的科系，就算你是透過指考進入大學，它一樣會參考你的學測成績。所以如果你已經有想要進入的科系，一定要早一點全盤了解該系所有升學方面的規定，不要到時候因為學測抱持考考看的心態亂考，導致後來指考考得再好一樣直接被你想進入的科系拒絕，那可就欲哭無淚了。

※欲參考更多學測相關資料，請上大學入學考試中心網址：www.ceec.edu.tw

✎靠學測升大學管道

現行升大學的管道，主要有三種，分別是「繁星推薦」、「個人申請」、「指考分發」。而學測的成績，可用來作為「繁

星推薦」或「個人申請」進入大學之依據，以下我們就分別介紹這兩種升學的方式：

（一）繁星推薦

　　繁星推薦就是我們常聽到的繁星計畫，最早是由國立清華大學在2006年，為了縮小城鄉差距，培養更多不同地區的人才所推動的計畫。方法就是由清華大學設定推薦標準，比較學生的「在校成績」和「學測成績」後，決定是否錄取。

　　清大率先實施這樣的計畫後，照顧弱勢和增加區域平衡的理念受到了各界認同，因此後來就演變為除了清大之外，其他大專院校也普遍接受的制度，很多學生只要能夠兼顧在校成績和學測成績，就能夠獲得推薦入學，錄取更多面向的學生進入理想的學校。

　　繁星推薦主要是看高一和高二的在校成績，過了一定的門檻後（通常為前20%），才有可能獲得學校推薦。最後還要根據學生在學測考試得到的成績，兩者相互比較，再依照大學各科系的比序條件來決定是否最終錄取。

劉威凱（台大財金系大一/100年繁星入學/74級分/中壢高中畢業）
劉育辰（台大財金系大一/100年繁星入學/74級分/馬公高中畢業）

能不能介紹一下透過繁星推薦入學的流程？

威凱：

　　高三時學校先讓我們知道自己在校內的排名，像我是全校內1%的學生。然後我們就去參加學測考試，考完後學校會集合前20%的學生，在校內舉辦撕榜的程序，來確定每位同學在繁星計畫中競爭的先後順序，最後我們填寫自己的志願順序卡，交出去後就等三月放榜了。

育辰：

　　繁星計畫不用備審資料，也不用面試，跟申請入學比起來流程簡便很多。

很多人都希望透過繁星直接進入大學，想要順利被推薦入學有什麼要求呢？

威凱：

　　繁星計畫是看高一和高二的成績，原則上全校前20%的學生都有機會參加推薦，但是越好的大學要求就會越高，像台大就要求1%的學生。而我自己高一和高二都全校前十名， 才有資格

被推薦進入台大。

　　繁星計畫所有科目都會看，包括音樂、美術、體育，所以藝能科也要好才行！

育辰：

　　想要靠繁星計畫上大學的同學，由於高一和高二的成績都很重要，所以平常就要養成良好的讀書習慣，不能臨時抱佛腳。而且比完校內的1%還要比學測，不要以為在校內名列前茅就一定可以上台大。

唸書的過程有什麼特別的方法或經驗可以跟大家分享呢？

威凱：

　　小時候家裡會訂國語日報，有助於我日後對國文科目的理解和認識。國文英文科目的作文很重要，很多人都是因此被拉下分數的，我自己也是如此，所以要多加強這方面，例如多寫國文、英文的作文，定期請老師批改。

育辰：

　　我爸很喜歡歷史小說，家裡都是這類書籍，所以我小時候就常接觸到歷史故事，促成了日後地理歷史都很強，可見家裡的環境很重要。唸歷史有個訣竅，要能夠注意歷史事件的因果關係，如果只是死記一堆名詞而沒有把它們串連起來，很難真正的融會貫通。唸書累了要能夠有抒壓的方法，像我是靠打球和栽種花草來抒壓。

（二）個人申請

個人申請是高三學生在考完一月底左右的學測後，對想要進入的大學科系，進行申請入學的程序。希望透過申請入學進入理想大學的學生，必須要比學測成績、備審資料、面試表現三項。很多學生因為申請入學不用辛苦唸書到七月參加指考而躍躍欲試，事實上，由於以下幾個因素影響，造成個人申請也有一定的難度。如果真的有心申請的同學，一定要盡早準備。

（1）學測題型比較靈活，不好預測。

（2）各種計分方式不確定性大。（例如學測得多少級分，是需要跟所有考生比較後才能得知）

（3）申請大學時，校系的門檻資格差異很大，需研究後進行判斷。

（4）面試時，必須面臨教授的主觀因素。

（5）學業成績外的表現也將列入考核因素。

粘祐華（台大財金系大一/100年學測入學/74級分/北一女全校第二名畢業）

吳秉宸（台大財金系大一/100年學測入學/75級分/建國中學畢業）

請問你們當初是怎麼準備學測的呢？

祐華：

　　高三的時候我晚上都會參加學校的晚自習，由於北一女的學生都滿用功的，我看到同學這麼用功，自己就會跟著受感染，可見環境很重要。我會幫自己安排唸書的進度，但提醒大家進度排了就要跟上，否則會容易感到緊張。

　　我唸書的時候是很專注的，而我唸書的動力就來自於把書唸好的成就感，或者想像考進好大學開心的樣子。我認為挑參考書很重要，要花時間慢慢的選，我個人會比較偏愛大出版社出的。但是課本也是一樣要讀。

　　作文是很重要的，要學會考試的作文該怎麼寫，寫出老師要的文章，多背些優美的詞句對作文能力有幫助。

　　好的學校都會要求你每一科的成績，如果你想擠進比較好的大學，任何一科都不可以放棄，尤其文組的關鍵其實是數學，數學一定要好。

秉宸：

　　我高三時有三次的學測模擬考，當初我擬定了考學測的策略後，就放棄追求學校的段考成績，轉而追求學測模擬考的排名。學測模擬考都考得很難，分數沒有多大意義，不用太在意，排名才比較有參考價值。不論是學測還是指考，觀念一定要讀通，否則無法面對多變的題目。

能不能跟大家聊一聊你們透過學測申請大學的流程？

祐華：

　　基本流程就是：學測考試→書面審查（備審資料）→面試。

秉宸：

　　一定是先把學測考好，接下來根據各系的特色來篩選。通過篩選後，先寄備審資料，然後參加口試。放榜時會通知你正取或者是備取，然後你再排出自己正取和備取的總順序，最後計算出確定上的科系。

你們是怎麼準備備審資料的呢？

祐華：

　　由於教授會收到很多的備審資料，所以一定要精心的編寫，才能吸引教授的注意，例如要用彩色印刷，裝訂要精美，同時，裡面也要放過去得獎的獎狀，來為自己加分。高一和高二的時候要累積一些個人的特色和成績，未來才能在眾多的備審資料

中脫穎而出。

秉宸：

　　準備備審資料時要想一想，這個科系需要什麼樣的人才，讓教授認為你是他要的人，所以一定要充分表現自己的優勢，放大自己的強項，例如我以前是當總務股長，聽起來好像沒什麼，但是我就說從當總務股長的經驗中，我學到了管理金錢和帳務的重要性，像這樣就會跟財金系有所關聯。

　　備審資料重視自傳和上大學的規劃，這兩方面要好好寫。自傳不要流水帳，要能夠強調自己跟這個科系有關的重要表現。

　　關於上大學的規劃，我則是先上網查過了財金系的網站，弄清楚系上課程之後，才進行規劃的。例如我寫說大一要加強基礎課程，上了大三希望能夠參加交換學生等等，不能天馬行空地憑自己的想法亂寫，審查的是具有專業經驗的教授，他們很容易就會知道你究竟有沒有用心準備。

通常面試是讓同學相當害怕的一關，能不能跟大家分享一下你們的經驗？

祐華：

　　面試的態度很重要，態度要穩重、有自信，衣著也要符合該系的風格，家裡特地幫我買了套裝來參加面試。我覺得英文很重要，像我申請的科系當中，就遇到不少口試委員請考生用英文回答的情況。

秉宸：

　　財金系分三關，第一關是自傳的問題、第二關是專業的知識、第三關是教授用英文問一些生活的問題。面試臨場反應很重要，之前學校和補習班都有為我們舉辦模擬面試，很有用！我認為面試的最高境界，就是要引導教授問你問題，你可以在回答中加入一些有吸引力的議題，讓教授感到好奇而追問，這樣就變成你在主導話題了！

指考

硬碰硬的升大學專業考試！

　　指考全名為「指定科目考試」，是高三學生考試進入大學，除了「繁星推薦」和「個人申請」之外的另一種方法。考試科目為十科，分別為國文、英文、數學甲、數學乙、歷史、地理、公民與社會、物理、化學、生物等。學生不需要所有的科目都考試，只需要參加欲考取校系要求的科目即可。

　　指考相當於十年前的「大學聯考」，範圍涉及高中三年，比學測還廣，雖然它的深度和廣度都比學測深入，但是命題方向明確、難度穩定、容易預測，題型不像學測那樣，可能是你想都想不到的題目。再加上錄取大學的方式全憑分數決定，規則簡單而公平，因此也有不少考生反而傾向透過指考來升學。

　　指考科目考試時間皆為八十分鐘，比學測一百分鐘的時間還要少（國文科為一百二十分鐘），應考時要更為重視時間的規劃和管理。而從民國一百年開始，指考已經取消選擇題倒扣的制度，從前選擇題亂猜該題可能會變成負分，影響其他題目的情況

已經走入歷史。

🖊 模擬考全力以赴，成績不要太在意

　　高三的學生在指考前會參加由各校一起舉辦，通常三次的聯合模擬考，模擬考提供考生完整的考題和考試情境，而且考後還會發給同學在所有考生中的排序等級，是檢測自己實力一項很好的參考指標，但是務必注意的是，由於一直以來，模擬考的命題水準都比正式考題難，所以千萬不要太在意分數，排名反而更具參考價值。很多同學在考完模擬考後，驚覺題目居然錯得那麼多而感到十分挫折，這是不必要的。

　　另外，跟學測類似，國文和英文的手寫部分也是拉分的關鍵。國文手寫部分滿分45分，包括文章解讀18分和作文27；英文手寫部分滿分28分，包括翻譯8分和作文20分，兩科全部加起來高達73分，對於成績的影響非常大。這兩個科目臨時抱佛腳的成效有限，有賴於平時就養成閱讀和寫作的習慣。除了保持閱讀的習慣，更要常常練習寫文章，如果老師願意的話，在考前兩個月，不妨一週寫一兩篇作文給老師批改，是相當好的練習。

　　國文作文要寫出批卷老師要看的文章，而不是完全以個人的觀點出發。說來有些無奈，「作文」並不是私人日記，本來就是拿給老師看的，評分的標準也是由老師來訂的，想要爭取高分，就要妥當的表達合適的觀點，例如文章風格積極正向，而非晦澀陰鬱，就算你是個悲觀主義者，在這種場合透露自己對人生如何絕望，順便宣揚自殺的正當性，就算你真的文筆優美，氣勢

不凡，也別指望得到高分！最後，高中生都會被指定閱讀的經典古文四十篇，務必要唸得滾瓜爛熟，對考試會很有幫助。

　　英文作文與其使用華麗艱澀的語句，正確的用字遣詞和語法才是更重要的。英文畢竟不是我們的母語，能夠寫出一篇文法正確且符合英文使用習慣的文章，就已經是水準之上！除非你的英文實力真的非常好，否則貿然使用太過少見的句型，絕對會增加風險。

※欲參考更多指考相關資料，請上大學入學考試中心網址：
www.ceec.edu.tw

曹書瑋（台大物理系大一/100年指考入學/成功高中畢業）
許程閔（台大醫學系大一/100年指考入學/台中一中畢業）
邱萬青（台大財金系大一/100年指考入學/松山高中畢業）

能否請聊聊你們準備指考的唸書心得？

書瑋：

　　指考只需要考報名科系需要的科目就好，像我要報考理組類的科系，就不用考社會科，讓我可以專心的準備其他科目。指考的範圍涉及高中三年，所以唸書一定要有系統、有條理，例如我唸物理科，培養了主動推動相關公式的能力，許多公式的前因後果都可以掌握清楚，有了這樣的理解程度，才能夠應付指考的難度。

程閔：

　　唸書時同學的影響很大，台中一中的學風很好，尤其那時班上有一個非常優秀的同學，高中就拿過地科、生物、化學的奧林匹亞金、銀牌，有這麼強的人在班上自然就起了帶頭作用，大家都會比較努力向上。

　　我覺得一定要找到自己的興趣，唸書才能真正的投入，像我確定自己喜歡醫學領域，所以努力朝這方面去發展。 在萬青

身上，我們看到了努力加上正確的策略，絕地大反攻的範例。他高中在校成績都只有PR30左右，最後指考成績是全校第一類組的第二名。

能不能分享一下你的考試秘訣？

萬青：

　　我高中成績不好，愛玩社團，但是遇到大考快到時，我就會用最正確的方法去準備。我大約是升高三的暑假開始準備升學考試，暑假每天都會留校唸書。因為我唸書時擁有很高的效率，所以成效非常好。

　　考試的策略分析很重要，指考的命題有一定的難度和範圍，我把時間都精準的投入到正確的方向，而且我的心態很正確，不會想東想西。

　　國文必看古文四十篇，不只要滾瓜爛熟，修辭、分析通通要知曉，考試有錯都要訂正。考前拚命做英文模擬試題。我從高三就開始一週寫兩篇國文和英文作文，維持手感。

　　第一類組的數乙只考三顆星的東西，範圍比較小，所以一直練習就會進步，太刁鑽的題目指考不會考，我都自動放棄，不會浪費時間去做。在唸地理科的時候，腦海裡要有地圖的圖像。歷史我把課本都地毯式的掃過了一遍，而且做考古題時認真的訂正，如果同樣的觀念一直出現，一定要非常熟悉才行。

　　指考前兩週一直寫考古題，總共寫了五~十年份的考古題。公民科我分析了想要考的科系不會採計，所以直接放棄準備。

統測

高職和綜合高中升四技二專的統一考試。

統測全名為「四技二專統一入學測驗」，是高職和綜合高中的學生希望進入四技或二專所必須參加的測驗。統測由「技專校院入學測驗中心」負責辦理考試，每年各辦理一次。考生得到的成績，可用來透過推薦甄選、聯合登記分發兩種方式升學。

由於技專校院是採行「考招分離」的制度，在考完之後，一定要記得再向就讀學校取得分發的資格，否則就算在統測考了好成績，也會面臨無校可唸的窘境。

不需要統測成績的技優甄選

如果你是高職或高中生，已經擁有被認可的競賽得獎記錄，或者擁有乙級以上技術士證照，還有一項不需要統測成績的入學四技二專方法，就是「技優甄選」。這個甄選不論是應屆或非應屆的畢業生都可以報名參加。

技優甄選主要是藉由面試、實作、作品、書面審查等方式

來進行評量，詳細內容由各校自行訂定，但是不會考筆試也不看統測成績。對於專業技術和實際操作經驗強的同學，是另一種不錯的入學方式。

※以上簡單的介紹四技二專的入學方式，關於各招生入學管道的詳細資訊，可以上技專校院招生策進總會網站：www.techadmi.edu.tw，或者撥打（02）27773827來查詢。

PART 7

FunLearn
學習新時代

什麼是 FunLearn 網站

學生如何使用 FunLearn？

家長如何使用 FunLearn？

老師如何使用 FunLearn？

什麼是 FunLearn網站

打造一個只要連上網路就能免費學習的新教育時代！

　　知識和教育的開放，是全世界的大趨勢，但是在台灣，國高中的教育資源卻仍然相當的封閉而呆板。從事教育工作超過十年的經驗告訴我，有太多太多的學生，因為沒有遇到好的老師，或沒有足夠的經濟資源上補習班或聘請家教，因而讓自己在教育的起跑點上，就已經輸了別人一大截，與未來的成功距離越來越遠。為了改善這個問題，兩年前我創辦了FunLearn網站，期許它成為中學教育開放的先驅，讓未來國高中的學生都有一個免費和完整的學習空間，達到教育立足點更加平等的理念。本章就來跟大家介紹，我專門為台灣國、高中生所量身訂做的FunLearn網站。（www.FunLearn.tw）

　　在我唸研究所的時候，已經從事國高中的教學工作快十年了。在那幾年期間，我接觸了非常多美國網路創業家的故事，包括楊致遠和大衛費羅創辦的雅虎奇摩、布林和佩吉創辦的Google網站、台灣移民美國的陳士駿和他的朋友創辦的Youtube

網站等等。看到這些偉大的創業家利用這個網路興起的時代，抓住世界趨勢和人們的需要，紛紛締造出屬於自己的龐大事業，使許多人的生活方式更加便利，也為自己累積了驚人的財富。

我那時常常在想，自己是否也能夠發揮創意，打造出自己的網站和服務，幫助人們擁有更好和更便利的生活？

想了很久，我漸漸想出一個很適合我的創業主題：既然我有這麼多年國高中教學的心得，那麼我一定可以提供這麼多年的教學心得，給需要幫助的學生。我更希望能夠效法雅虎、Google、Youtube這些網站提供許多免費服務的精神，因此，我將自己的教學知識製作成講義和影片，完全免費分享在網路上，讓所有的國、高中生只要連上這個網站，就可以得到免費完整的學習資源，實現人人在教育資源立足點平等的理想！

青年教育家的夢

當創業的概念越來越清晰，理想越來越明確時，我興奮得差點睡不著覺，我的朋友浩詮替我的構想取了一個很貼切的名字，叫做「FunLearn」，象徵著我希望帶給學生一個更自由、開放、更有樂趣的學習環境。我實在愛極了這個超棒的名字，於是便全力的想辦法將我改善教育環境的熱情付諸實現。當然，就像許多事業一樣，一開始都是會有很多的阻礙和困難，於是，在經歷了一次又一次的嘗試、數也數不清的挫敗、與熱情的合作者和差勁的合作者共事再分開後，在2010年5月6日，充分實現我教學理想的「FunLearn」終於正式誕生了！

這個專為國、高中生創辦的教學網站，除了學生之外，老師、家長和所有關心中學教育的人都可以來這裡互相學習、交流討論，免費使用FunLearn的服務，包括我們錄製的影音課程、親手製作的講義、網路上蒐集的合法題庫等等。除了讓上進的學生有一個公平的競爭環境，更能縮小教育資源上的城鄉差距，降低許多家庭龐大的教育開支。

　　試想，在這個貧者越貧、富者越富的M型社會，如果大家不一起來想想辦法，提供社會大眾一個更好的學習環境，難道絕大多數的社會資源都只能由少數人所把持，而弱勢的人只能一代又一代地貧窮和困苦下去嗎？

　　FunLearn除了有良好的理念，更應該擁有茁壯的能力，因此我們將會陸續開發許多加值服務，讓經濟能力充裕的使用者，付費來購買適合自己的服務，讓FunLearn能夠自給自足，永續推動我們的教育理念！

學生如何使用 FunLearn?

看影片、問問題、交益友，一次滿足！

　　不論你是國中、高中、甚至五專高職生，在課業上遇到問題時，都可以來FunLearn找尋資源。你可以在上課以前，先來這裡點選免費的影音課程服務，事先進行預習；對於學校老師講不清楚的章節，你也可以來這裡觀看不同老師的課程，看看能不能提供你更好的想法。如果你以為FunLearn的影音課程因為免費，就是素質不佳的教學，那你就錯了！這裡的影片不但精挑細選過，更不乏補教界名師所錄製的影片。除了我自己的教學影片外，還有台北私人家教班的「李鋒老師」、台南補教界的名師「賴方老師」、常在媒體上對教育議題積極發聲的「洪安老師」，以及在Youtube上非常有名的高等數學、物理學名師「Pengtitus」，都是FunLearn名師群的一員。

交流互動的方式

　　除了看影片學習之外，如果你在課業上遇到了問題，

FunLearn也開闢了國高中共十九個科目的討論區。你所有的課業問題都可以在這裡發問、討論，與近萬個會員進行自由的交流和互動。

有些人會問，既然討論區都是自由發言，如果問了問題，又怎麼知道誰的解答是正確的呢？其實在創站之初，我們就已經針對這個問題，設計了嚴格審核的版主制度，我們會遴選站內學有專精且熱心服務的會員，進行長達一個月的實習、考試後，才正式升任為討論區的版主。版主的責任，就是為所有的問題進行審核的動作。

只要你在討論區發問了一個問題，在你的文章標題前面就會有一個紅色的問號符號，代表這個問題還沒有正確的解答。一旦版主發現你的問題已經有會員回答出正確的答案，它就會在正確的文章上面蓋上一個「最佳答案」的獎章，並且把問號的符號換成打勾的符號，所以只要看到你的文章標題前面出現綠色打勾的符號，或者「最佳答案」的獎章出現，就可以放心的觀看會員提供的答案，這樣就能夠確保解題的品質了！

在考試之前，你還可以來FunLearn下載段考、基測、學測、指考等等的考古題做練習，並且測驗看看自己的實力。

來FunLearn認識各地高手

前面提到，如果你想要在成績上越來越進步，那就要讓自己多結交比自己更優秀的朋友，並讓自己沉浸在適度壓力的環境下，才能逼自己不斷努力向上，不知不覺中你會越來越優秀！

有些同學可能也很想要結交優秀的朋友，但是在周遭的學習環境裡，同學大多都在玩樂，沒有什麼目標。FunLearn是完全開放和自主的學習環境，所有進來這個網站的人，都是真正自動自發參與學習行列的一分子。在這裡，沒有任何人會逼你唸書考試，更沒有別人幫你安排喘不過氣的學習課表，有的是一群主動積極、自主學習的學生，而這種自主學習的能力，正是成為未來菁英所必須具有的基本態度。

　　在FunLearn裡，總是可見到許多優秀成員，例如唸國中時就已經熟悉高中課程的「國中課業討論區」前版主──stupidboy77、穿梭於各版、主動熱心協助新進會員使用網站的「客服中心」客服專員──windcat、或已經協助解決超過一千題高中數學問題的「高中數學版」版主──katama5667，他們的專業和熱心都是相當難得一見的。更難能可貴的，他們都是自願加入這個自主學習的社群，主動貢獻出自己的能力和熱情，讓這個學習的園地變得更好！

　　而現任「FunLearn交誼廳」版主zkelly3更說：「有些大人會擔心，覺得常常上網的人荒廢了學業、工作，有可能帶來不好的影響。但是，我們打破了這個迷思。加入FunLearn後，我發現這裡充斥著各科的強手，這激勵了我要更上一層樓。我常想：『版上有那麼多高手，我怎麼還能放任自己停留在原地？』或許就是在這樣一個充滿自主學習氣氛的環境中，每個會員都努力充實自己，才會有今天的FunLearn。」

家長如何使用 FunLearn?

陪小孩一起學習，還可以找到優秀又熱心的老師！

　　很多家長十分關心孩子的課業，但因為長久沒有接觸國高中的課程，當孩子在學習上遇到疑難雜症時，也沒辦法提供具體的協助。有些家長不了解學校到底在教什麼，也不知道該如何督促孩子的功課。

　　現在，有了FunLearn，就可以協助家長面對這些困難，例如孩子遇到不會的數學題時，可以上FunLearn網站陪孩子一起觀賞教學影片，一起思考、討論。這樣做雖然花時間，但卻很有意義，家長在小孩的心中也不再只是一個不能體諒他在學習上遇到了困難，只是一味怪罪他成績不好的嘮叨父母。說實話，對於大部分的學生來說，國高中的課業，並沒有想像中那麼簡單，父母如果不下一點工夫輔導孩子，常常只是丟下一句「要好好唸書」，是無法讓孩子心悅誠服、乖乖唸書的。如果父母能夠多花一點時間親自去學習、了解孩子所面臨的學習問題，並且多一點同理心，才能讓孩子覺得你們是站在同一陣線的。

除了觀看教學影片之外，同學們平常也可以到FunLearn的交誼廳或教育問題討論區，把你在遇到的挫折和困難分享出來，這裡有許多熱心的老師和學生，他們十分樂意與你討論。

想找家教請上FunLearn

對於需要上班、忙於工作的家長來說，陪伴孩子唸書可能心有餘而力不足，如果是這樣，也可以透過FunLearn，直接聘請站內許多解題優秀的專業家教老師，直接到家裡協助孩子唸書。

在FunLearn的家教討論區，登錄了許多優秀的家教老師，與一般坊間家教社不同的是，我們不但完全公開所有家教老師願意公開的資訊，甚至可以調閱老師在FunLearn的所有解題紀錄。由老師解題數量的多寡，做為教學的參考，再由他們解題的文章內容，來了解解題的風格和表達方式，這比傳統家教社只憑一張履歷來篩選老師更為可靠。

若是家長沒那麼多的時間，去一一篩選合適的老師，也可以直接使用我們的付費協尋家教服務，只要一通電話就會有專人提供專業的服務和建議，確保你的小孩能夠找到合適的家教為止。

FunLearn的這些老師不但有明星大學的高材生，長久以來，他們免費幫助學生解答課業問題，更是受到學生的肯定。像這樣條件好、有實力、又充滿熱情的老師，絕對值得聘請他們來指導學生！

老師如何使用 FunLearn?

與高手切磋提升教學實力，還可以免費獲得家教推薦！

　　FunLearn聚集了許多優秀的大學生、家教老師、在校老師，彼此互相分享解題技巧和教學心得，所以，對於有心提升教學實力的老師而言，一樣可以找到許多有用的資源。

　　常常在FunLearn解題的老師可以不斷升級，累積解題數到一定的程度後獲得勳章。這些優秀的資歷，只要老師同意，我們都會公佈在網站上，讓有家教需求的家長主動來聯繫你。當網友們一點入FunLearn網站，網頁上就會將站內各科最優秀的解題老師，一一清楚表列出來，家長想要找家教老師，學校想要找代課老師，出版社想要找人寫書，都可以免費在這裡找到豐富的人力資源。如果家長直接委託FunLearn找家教的話，我們也都會直接優先介紹給這些既熱心又優秀的老師。

　　透過這個互惠雙贏的模式，不但讓老師有更寬廣的發展空間，也幫助廣大的學生得到學習上的指引，不是十分美好且有意義的事嗎？

PART 8

十二年國教來臨

十二年國教是什麼?

十二年國教對教育界有什麼影響?

沒人逼,更要學

贏在起跑點的迷思

為小孩找一條屬於他的路

人生不只唸書而已

全世界都是你的舞台

十二年國教是什麼？

再也沒有國中升高中的考試壓力！

　　教育資源，是一個人成長茁壯的土壤；教育體制下培養出來的人才，更會直接影響一個國家的未來。因此，教育的議題，一直都是許多國家最為重視的政策項目。目前台灣的九年國民義務教育，跟許多先進國家比起來，已經屬於落後的階段。為了提升國家的人力素質，教育部表示，延長國民教育已經是勢在必行。因此，從民國七十二年起就開始進行研擬的教育延長政策，決定從民國一〇三年正式實施。對於學生最大的影響，就是將過去九年的國民義務教育，改變為十二年的國民基本教育，簡稱「十二年國教」。

　　十二年國教實施後，預定從民國一〇三年起，大部分學生可以免試入學；也就是說，民國一〇三年畢業的國中生，將不需要再參加基測，就可以透過免試的方式升上高中職和五專。但是免試並非適用於所有的學生，未來全國的國三畢業生，有75%以上的學生可以免試升學，但仍有最多25%的學生，可以參加

各學校辦理的「特色招生」，透過考試的方式來進入自己想要就
讀的學校。

12年國民基本教育政策概念			
	國民小學	國民中學	高中、高職、五專前三年
年 齡	7~12	13~15	16~18
總年數	六	三	三
學 費	免費（但仍有雜費等費用）		免費（但仍有雜費等費用）
入學意願	強迫入學		非強迫入學
升學考試	免 試		大部分免試

一定有學校讀但不能因此放鬆

當然，學校透過免試來招收學生的人數，一定會有限制，
如果某間學校申請免試入學的人數超過開放名額，可能就會進行
抽籤，或是比較學生的某些能力。所以提醒大家，不要妄想以後
不唸書就可以進入理想的學校，如果你真的對某間學校有興趣，
就應該要趁早加強相關能力，並且規劃到底要以「免試申請」還
是「特色招生」的方式，進入該校就讀。

如果免試升學擠不進去，特色招生也沒通過的同學，該怎
麼辦呢？基本上，高中職和五專的總名額已經超過所有國中畢業
生，因此一定有學校可以唸，只是不見得是自己想要唸的學校。
所以，十二年國教並不代表因為沒有升學考試，就可以隨隨便便

唸書。相反的，因為將來不用考全國基測，同學們更應該把時間拿去探索自己的興趣和性向，並且多多學習自己有興趣的領域，從國中時就開始培養特殊的專長，以便將來順利的進入理想的學校就讀。

　　雖然說十二年國教讓每位學生的教育時間能夠延長的本意，是十分正確的，但是如果我們的教育無法做到給予每位學生真正合適的教材教法，無法關注每個人都能發展屬於自己特殊的天分，仍然是用相當狹隘的學科來壓迫每位學生學習，不但浪費了非常多的教學資源，更會殘害了許多本來可以給這個世界帶來革命進步的心智，是一件萬分可惜的事。

※重要提醒：教育政策經常會進行修改和調整，無法保證本文介紹的內容與真正實施的細節完全相符，請務必透過正式教育機關取得最新政策和資訊。

十二年國教對教育界有什麼影響？

公私立高中職、五專和補教界的產業版圖大變動！

十二年國教的實施，帶來國中畢業升學方式的改變，勢必會造成教育結構和相關產業的大洗牌，最直接的衝擊有以下幾點：

(1)補習班對於國三基測考試的課程，必須轉型成國中三年全科的輔導。

(2)各級高中職、五專將開放許多免試學生，每間學校的學生來源將會與過去有很大的差異。

(3)私立學校獲得相當多的就學補助，辦學績優的私校將會更具競爭力。

(4)公立學校若是無法發展出自己的特色，恐怕將失去招生的吸引力。

特色學校將陸續形成

十二年國教主張75%免試，但也接受部分學生能夠透過考

試的方式，進入自己想要的學校就讀。因此，各公私立高中職五專能夠依照自己校內的風格和優勢，規劃出屬於自己獨一無二的課程內容，在教育機關認可其為優質學校後，以自己的考核方式對外辦理「特色招生」，吸引喜歡這間學校的學生，透過考試的方式來就讀。

特色學校未來究竟是會以何種方式出現，至今還是眾說紛紜，尚未有明確的雛形。即使是這樣，對於未來即將面臨的十二年國教制度，家長也不用太擔心，因為不管將來「特色招生」的制度如何訂定，對於現在的學生來說，及早開始探索自己的性向和興趣，並且加強自己熱愛領域的專業培養，絕對是可以做的。而對於學生在學習和升學上將會有以下的影響：

(1)由於沒有基測，以考試引導教學的現象將消失，國中教學可望正常化。

(2)未來學校將會更加強調適性輔導，學生可以更早探索自己的興趣和專長。

(3)如果想進入特定的特色學校的學生，仍需要透過考試競爭，不宜抱持著不用考試的想法唸書。

(4)在升學考試壓力大幅減輕之下，自主學習反而變得更為重要。

總而言之，教育制度一直在改，政策一直在變，在十二年國教還沒有正式實施以前，誰也不敢把握之後它會以什麼面貌出現。與其太早擔心細節的問題，倒不如早一點讓孩子嘗試各種領域的事物，觀察他的興趣和能力在哪裡，才是父母們可以掌握的事情。

沒人逼，更要學

成為自己的學習主人，才能真正面對多變的未來！

　　十二年國教，直接影響到學生學習的心態，像是：既然不用考試，就保證可以有高中職可以唸，幹嘛那麼認真唸書呢？上課多講一些話有什麼關係，考試考差了也沒什麼好緊張的，反正再怎麼樣都有學校可以唸！就算上了高中成績不好、考不上大學，那也是好幾年後的事情，還早啦！

　　只要在學校待過、擁有教育經驗的人就知道，這樣的推測絕對不是危言聳聽。因此，我不得不憂心，少了升學的門檻，會不會造成許多學生的學習態度更加惡化？就像當年我國中就讀的自學班演變成可怕的學習狀況。

🖊 關鍵因素在於家長

　　十二年國教實施之後，很多學生真的很有可能因為少了國中基測的壓力，又約束不了自己，於是就更加肆無忌憚的放縱自己在玩樂上，甚至染上惡習。但是，有些懂得把握時間充實自己

的學生，他們會為自己安排一些課外的活動來拓展自己的視野，增廣見聞，學到許多學校裡學不到的知識，未來，這些學生很有可能更具有競爭力。

而我認為，究竟孩子會因為十二年國教而變得更好或更壞的關鍵因素就在於家長。若是學校課業的壓力減輕，學生需要花在課業上的時間就會變少，相形之下，等於國中生會多出很多時間可以自由運用。

如果家長不能夠主動多花些心力協助孩子培養自主學習的能力，或者多挑選一些有意義的課外活動讓小孩參與學習，一個十三歲左右的人會自己知道如何把握時間，讓自己成長嗎？想必是很困難的吧！

協助孩子探索自己的興趣

所以，家長請務必思考一下，該如何協助孩子探索自己的興趣。否則，在沒有課業壓力又缺乏目標的情況下，他們的行為表現容易被同儕所影響，在好的情況下，當然是一同學習成長，最怕的就是縱情玩樂，甚至沾染惡習，結交到幫派朋友。

希望大家能夠知道，學習絕對是自己的事情，教育政策再怎麼改革，也不可能適用在所有的學生身上，一定要有自己主動學習的覺悟。

我認為，傾聽孩子內心的聲音，協助他發掘獨特的天賦，找到自己的人生，這才是最重要的一件事。

相信很多的父母也希望培養孩子主動學習的習慣，但究竟

要怎麼做呢？我認為，一切的答案，一樣就在第一章所提到的觀念，要找到主動學習的動機。以我自己來說，小學時候的我會主動去看的課外書，十個手指頭就數完了！但是，現在好幾個書櫃都不夠塞我買回來的書，究竟我為什麼會有這麼大的改變呢？原因很簡單，就是我發現了讀書和學習的好處。我不但在書本中找到了非常多讓我成長、快樂、興奮的東西，更讓我看到自己因為唸書，一天天變得更充實、生活更美好。

所以，若是要培養孩子自主學習的習慣，父母一定要多花點心，協助小孩在學習中找到樂趣，找到成就感。對於有自主學習能力的人，不管教育政策再怎麼改變，都有極大的競爭力來面對詭譎多變的未來，這個能力才是教育最核心的競爭力！

🖊 誤解快樂學習的意義，小心賠掉一生競爭力

在教育的議題上，有很多跟從前不一樣的聲音，例如有一派說法主張應該要讓小孩快樂的學習，不要學得那麼痛苦。這個方向確實有可取之處，但是在做法上有幾點是務必要仔細探討的。

首先，快樂學習不應該是放任和隨性的學習，變成只要是小孩子喜歡的全部都可以去做，不喜歡的全部可以避免。在學習的路上，不可能永遠一帆風順，一定會有遇到困難瓶頸、遭遇挫折的時候。此時，若是孩子對於某個領域有相當的興趣和天賦，會是一個很好的機會教育，讓他了解挫折和困難本來就是人生的一部分，應該要學會面對和接受，並且與他一起思考，面對這樣

的困難，要用什麼心態去面對它，是要咬緊牙關度過？還是直接放棄？這兩者之間要怎麼取捨，後果又會是什麼？

　　只要是人都會有惰性，不能體認學習中本來就會遭遇困難、掙扎的事實，一味的追求快樂、避免痛苦，不但限制了自己成長的機會，也會為未來製造出更多的困境。

贏在起跑點的迷思

一味崇尚贏在起跑點，小心造成揠苗助長！

　　很多家長因為害怕孩子長大之後跟不上別人的程度，因此在孩子很小的時候，就讓他們學東學西。其實，小孩子的學習能力是很強的，只要孩子學習時不排斥，多讓他去接觸探索不同的領域也是不錯的。但是，父母要從讓孩子嘗試不同領域的事物，藉以測試性向的角度去鼓勵他們，而不是急著希望他們變成你所預期的樣子。

　　例如，父母親可能在某場活動中，看到別人家的小孩優雅的拉著小提琴，驚豔全場，當下就希望自己的小孩也能這樣優秀。於是本著「什麼都能等，孩子的教育不能等」的心態，馬上省吃儉用，花大錢讓孩子去學小提琴。可是，孩子學了一年半載之後，不但對於練琴興趣缺缺，也沒有在這方面表現出過人的天賦，這時候很可能就顯示孩子不適合，不如換個才藝來學，而不需要太過執著於讓孩子學琴，甚至搞得親子關係緊張不和。

　　另外，不見得需要花大錢來學習，但內容盡量多元化；此

外，不要讓孩子錯過與大自然和藝術美學接觸的經驗。這些領域的學習薰陶，雖然短時間內看不出什麼明顯的「成績」，但是卻會對孩子未來的人生，有深遠的影響。

例如，常常讓小孩參加露營活動，他在這些跋山涉水的過程中，觀賞了無數的山川草木、溪水河流，未來在學校學習地科、地理、生物時，腦海中就能聯想起過往的經驗，增加學習的效率和理解。當他唸到大學的「流體力學」時，小時候看著溪水潺潺流動、曲折旋轉的情境，都可能重現在腦海中，幫助他去理解書中複雜的流體公式所要表達的意義。

讓孩子在很小就接觸音樂、繪畫、舞蹈等藝術，不但能增加一項個人的才藝，更重要的是，一個人如果從小就懂得欣賞美的事物，在他的心中將會跟無形的事物產生一種奇妙的連結。在這份連結中，他擁有了體會生命的感悟力，讓他在往後的人生當中，遇到任何的挫折和困難時，都可以從中找尋到一股生命的力量，勇於面對人生的挑戰。

為小孩找一條屬於他的路

周杰倫紅遍全世界，背後那雙勇敢慈愛的推手。

　　我一直相信，每個人都有屬於自己的一條路，在這條路上，每個人都能淋漓盡致的演出，充分實現自我，擁有璀璨而美麗的人生。傳統社會的教育觀念，逼著每位小孩都要考進好的學校，追求更高的學歷，但是，我認為在現行的教育體制之外，絕對有著更多元化的發展路線，是適合更多孩子去探索實踐的。

　　這十年來，在台灣的流行音樂界裡出現了一個百年難得一見的音樂奇才——周杰倫。

　　同樣生長在台灣的我們，見證了周杰倫從默默無名的新人到叱吒亞洲樂壇的星路歷程。如果我們仔細去探究他背後成功的原因，會發現，周杰倫的母親在他小時候就慧眼獨具地發掘了他的音樂天賦，並且幫助他開發自己的潛能，在這樣的愛心栽培下，如今周杰倫達到了非凡的成就。

　　周杰倫的媽媽很早就發現他對音樂的感受特別地敏銳，所以不管如何辛苦，也要讓周杰倫得到良好的音樂栽培。在家裡經

濟條件不是很好的情況下，她仍然砸大錢買鋼琴、請老師上課，也經常帶著周杰倫去聽知名的演奏家表演，希望能開發他的音樂潛能和天賦。周杰倫書唸得不好，大學更是考了兩次都沒考上，但是周媽媽從來不用唸書來評斷小孩的價值，相反地，她肯定周杰倫在音樂方面的才華，並且無怨無悔的支持他，為他找尋各種人生機會。

🖊快樂的人生才是真正的成功

我自己花了非常多的力量，才發掘出人生真正的天賦和熱情，我花了更多的力量，才掙脫傳統的價值觀和社會體制，勇敢的堅持過自己想要的人生。

這一路走來，除了看到自己跌跌撞撞的辛苦，更在這麼多年的教育經驗下，看到許多被社會的價值觀壓迫得缺乏自信而且非常不快樂的年輕心靈，心中真的是感慨萬千。

我相信這個社會是有很多反思能力，我也相信，未來絕對會有更多的年輕人，勇敢的掙脫傳統的價值觀，走向屬於自己的道路。我會一直將這股更寬廣的價值觀，更加散播給更多人認識和認同，希望能夠幫助更多的年輕學子，走向屬於自己的康莊大道。

人生不只唸書而已

除了書唸好之外，你還有什麼價值呢？

　　台灣和華人社會一向抱持著「讀書至上」的觀念，普遍認為考好分數、上好大學、找份安穩的工作，就是最好的出路。

　　這樣的想法並沒有什麼不好，在過去也很有可能實現。但是在現在這個資訊時代，一切都變化得太快，太迅速，如果還以為唸書是一切的保證，不但很可能走到最後才發現離成功十分遙遠，甚至會跟原本應該屬於自己的美好未來擦身而過。

不要把教育當成職業培訓課程

　　在我的觀念裡，讀書本來應該是為了滿足自己學習成長的渴望，並且培養出一個成熟健全的人格，以期能充分開發自己的潛能，在短短的一生當中盡情發光發熱，留下璀璨的光芒。但是曾幾何時，唸書在許多人的觀念裡，已經變成了職業培訓課程，許多人對於唸書的期待變成了只求能得到一個溫飽的工作，養活自己、養活家人而已。

在這個學歷氾濫的年代，大家拚死拚活的爭取一個看起來好看的學位，但是正因為大家都有很高的學歷，如果沒有培養屬於自己獨一無二的特色，反而無法在高學歷的茫茫人海中脫穎而出，突顯自己的價值和特色！

三千年前，至聖先師孔子就已經教導過我們一句至理名言：「君子不器」。意思是說，人不應該只是做個社會的器皿而已，而是應該充分開發自己的潛能，成為一個身心均衡而健全的人。這樣的觀點在現今這個時代，不但未見陳腐過時，反而更加顯得彌足珍貴。

全世界都是你的舞台

充分自我實現，擁有富足快樂的人生！

　　讀到這裡，已經接近本書的尾聲了，不知道大家有沒有發現，本書雖然是一本教你如何讀書、準備升學考試的書，但從頭到尾的核心觀念，是希望我們一起去認真思考，升學和考試背後真正的目的，而不是盲從於別人所賦予我們的教條和價值觀。雖然目前的教育體制對於少部分人來說，仍然是一個適合的學習路線，但是我卻看到它扼殺了更多充滿創造力的心靈，也阻礙了很多人本來可以更加美好的未來。

　　儘管，我確實認為，目前的升學和考試是很多學生人生成長和發展的枷鎖，但是，這也並不是認為，完全避開升學考試就是好事，最正確的說法應該是：「每個人都應該從小就開始充分探索、發掘自己真正的天賦和熱情，並努力將兩者合而為一，造就出自我實現的人生。但是在沒有找到自己的人生道路之前，也應該先遵循傳統的教育體制和社會價值，穩健的跨出自己未來人生的步伐。」

一個人如果在最適合自己的教育引導之下，把所有的力量都投注在自己真正的天賦和熱情上。假以時日，究竟可以蛻變成什麼樣的光景，沒有人會知道。但是可以肯定的是，未來必定有更多擁有巨大影響力的年輕心靈，因著這個世界越來越多的機會，越來越多元的價值觀，趁勢興起，成為新一代引導世界前進的力量，這些人究竟是誰，沒有人可以下定論。

教育的本質在使人更好更快樂

雖然我不是基督徒，但是我很喜歡聖經裡的一句話：「不要小看自己年輕」，如果各位同學不想默默的過一生，而有熱情希望能夠發揮影響力，讓世界變得更好，那麼就應該找出自己與眾不同的地方。很有可能，你獨一無二的天賦，正是引領未來所需要的能力。

生活在台灣，我們擁有一個相對富庶的社會條件，拿著這本書的你很可能一直都過著吃得飽、穿得暖的生活，我們有乾淨的飲用水，有便利的電力、交通網，有安定的治安和生活，得到男女平等的尊重和保護，這在人類好幾千年的歷史中，是極為難得的一項成就。

但我們生活的環境卻未必能期待長久這樣繁榮富庶、豐衣足食；我們的世界，當前仍遭遇到非常多的挑戰，全球上有一半以上的人還面臨饑餓、貧窮、戰爭等的威脅。全世界人口越來越多，可用的資源越來越少，全球暖化造成海平面上升，很多靠海而居的國家人民將會無家可歸……面對這麼多即將面臨的挑戰，

只有充滿熱情加上聰明努力的人，才有能力去扭轉改變，避開未來可能發生的許多災難。

　　受教育的目的，在於讓我們變成更好、更快樂的人，而當我們變成更好、更快樂的人時，才能越來越圓滿的成就來到這個世界上的意義。希望透過本書，能夠讓大家認識到這一點，以及我想要與大家分享的，教育真正的本質。

國家圖書館出版品預行編目資料

台大名師傳授百萬學生最想知道的FunLearn學習法
/ 高至豪著.--初版.--
臺北市：平安文化. 2012. 04 面 ;公分
（平安叢書；第382種）（樂在學習；5）

ISBN 978-957-803-819-6(平裝)

1.學習方法 2.讀書法

521.1   101005090

平安叢書第0382種
樂在學習 005

台大名師傳授百萬學生最想知道的FunLearn學習法

作　　者—高至豪
發 行 人—平雲
出版發行—平安文化有限公司
　　　　　　台北市敦化北路 120 巷 50 號
　　　　　　電話◎02-27168888
　　　　　　郵撥帳號◎ 18420815 號
　　　　　　皇冠出版社 (香港) 有限公司
　　　　　　香港上環文咸東街 50 號寶恒商業中心
　　　　　　23 樓 2301-3 室
　　　　　　電話◎ 2529-1778　傳真◎ 2527-0904
責任主編—龔橞甄
責任編輯—金文蕙
美術設計—程郁婷・許惠芳
著作完成日期—2012年2月
初版一刷日期—2012年4月
法律顧問—王惠光律師
有著作權・翻印必究
如有破損或裝訂錯誤，請寄回本社更換
讀者服務傳真專線◎02-27150507
電腦編號◎520005
ISBN◎978-957-803-819-6
Printed in Taiwan
本書定價◎新台幣250元/港幣83元

•皇冠讀樂網：www.crown.com.tw
•皇冠Facebook：www.facebook.com/crownbook
•皇冠Plurk：www.plurk.com/crownbook
•小王子的編輯夢：crownbook.pixnet.net/blog